本成果受到国家社会科学基金青年项目"技术溢出视角的能源回弹效应及中国节能对策研究"（12CJY011）的支持。

技术溢出视角的能源回弹效应及中国节能对策研究

冯烽 ◎ 著

RESEARCH ON THE ENERGY REBOUND EFFECT
AND CHINA'S ENERGY CONSERVATION COUNTERMEASURES
FROM THE PERSPECTIVE OF TECHNOLOGY SPILLOVER

中国社会科学出版社

图书在版编目（CIP）数据

技术溢出视角的能源回弹效应及中国节能对策研究/冯烽著.—北京：中国社会科学出版社，2019.10
ISBN 978-7-5203-5312-0

Ⅰ.①技… Ⅱ.①冯… Ⅲ.①技术转移—影响—能源发展—研究—中国②技术转移—影响—节能政策—研究—中国 Ⅳ.①F426.2

中国版本图书馆 CIP 数据核字（2019）第 221816 号

出 版 人	赵剑英
责任编辑	黄 晗
责任校对	王玉静
责任印制	王 超

出　　版	中国社会科学出版社
社　　址	北京鼓楼西大街甲 158 号
邮　　编	100720
网　　址	http://www.csspw.cn
发 行 部	010-84083685
门 市 部	010-84029450
经　　销	新华书店及其他书店
印　　刷	北京君升印刷有限公司
装　　订	廊坊市广阳区广增装订厂
版　　次	2019 年 10 月第 1 版
印　　次	2019 年 10 月第 1 次印刷
开　　本	710×1000　1/16
印　　张	14
插　　页	2
字　　数	192 千字
定　　价	69.00 元

凡购买中国社会科学出版社图书，如有质量问题请与本社营销中心联系调换
电话：010-84083683
版权所有　侵权必究

前　言

技术进步能否通过提高能源效率来降低能源消耗主要取决于回弹效应的大小。技术溢出对技术进步所致的能源回弹效应有着不可忽视的影响，技术溢出对能源消耗的影响主要体现在两个方面：一是地区之间的技术溢出效应，这是由于地区之间的技术扩散所致的技术溢出，并表现为经济聚集现象和地区经济间的空间相关性；二是部门之间的技术溢出效应，这是因为能源作为现代经济社会的一种特殊生产要素，其价格的变动会引致各生产部门的产品价格调整与能源需求的变化，使得技术通过中间产品与最终产品的价格变动在部门间产生溢出效应。能源效率的提高将会降低能源的有效使用价格，并通过地区之间、部门之间的技术溢出效应，引致经济体一系列的价格调整和能源需求，直至整个经济体达到新的均衡状态，因而，将技术溢出引入到能源回弹效应进行研究，并对中国各省区、宏观经济及各部门的能源回弹效应进行科学测算是值得着力研究的现实问题。

本书采用理论研究与实证研究相结合的方法、定性分析与定量研究相结合的方法、比较研究的方法、规范分析的方法，综合运用增长经济学、数理经济学、计量经济学、国民经济统计学等多学科的理论知识，通过构建一般均衡模型探讨能源回弹效应的形成机理，从技术溢出的视角对能源回弹效应的测算方法进行了创新，实证考量了中国各省区、各行业和整体经济、居民客运交通消费的能源回弹效应的大小，从而有助于正确认识中国当前能源效率改善与能耗攀升的关系。

　　本书由九部分构成，各部分的主要内容如下：(1) 导论。简述本书的研究背景及动因、研究意义、研究思路及方法，以及可能有的创新点及研究特色。(2) 能源回弹效应相关研究文献综述。系统查阅能源经济相关文献，厘清回弹效应理论发展脉络及其之间的关联，发现已有研究的不足，找到本书的研究切入点，明确本书的逻辑起点与目标，科学选择合理的研究方法。(3) 中国能源消耗二氧化碳排放量的统计分析及 EKC 假说的实证。对中国的能源消耗、二氧化碳排放量进行描述性统计分析，揭示中国能源回弹效应存在的可能性，为进一步对中国能源回弹效应进行计量分析提供描述性的统计分析依据。在此基础上，由环境库兹涅茨曲线假说出发，对中国环境库兹涅茨曲线的存在性进行实证研究，全面认识各省区环境压力与经济增长的关系，进而为能源消耗与经济增长的空间相关性、非线性关系提供实证支持，也为本书测算中国各省区能源回弹效应采用半参数空间面板计量模型研究提供现实依据。(4) 能源回弹效应的形成机理。从消费者与生产者的角度对回弹效应的形成机理进行图解分析，构建包括能源消耗在内的经济增长模型，根据一般均衡条件构建回弹效应的数理模型，揭示回弹效应的形成机理，奠定本书的理论基础。(5) 技术溢出视角下中国各省区能源回弹效应的测算。针对现有文献测算回弹效应研究忽略地区经济空间技术溢出效应以及能源—经济非线性关系的缺憾，构建三要素经济增长的半参数空间面板数据模型，在此基础上给出经济增长过程中技术进步所致的能源回弹效应的测算方法，进而以省际面板数据对中国的回弹效应进行实证测算。(6) 技术溢出视角下中国宏观经济及分行业能源回弹效应的测算。针对现有文献测算回弹效应研究忽略经济部门技术溢出效应的缺憾，从整个社会经济系统综合联系的角度，给出一种基于能源投入产出序列表的能源回弹效应稳健测算方法。通过编制中国1997年、2002年、2007年、2012年的含能源实物流量的价值型能源投入产出可比较序列表，进而对中国各行业及整体经济的能源回弹效应进行实证测算。（7）居民客运交通消费中的能源回弹效应测算。采用线性近似几乎理想需求系统模型对中国城镇居民在客运交通中的能源回弹效应进行测算，旨在研究提高客运交通能源效率对居民交通消费支出中的能源回弹效应的影响。（8）中国能源价格、技术进步对能源效率的变动效应研究。从内生性视角构建了分析能源效率及其影响因素动态效应的经验模型，并以中国省际面板数据对能源价格、技术进步与能源效率之间的长期均衡关系及动态效应进行实证研究，旨在发现能源效率的影响因素及其作用机制，并为中国能源消耗回弹效应的存在性从另一个角度提供实证证据。（9）主要论述、政策思考与研究展望。总结本书的结论，提出建议和对策，指出研究中的不足及有待改进与深入探讨的方向，为后续研究提出建议。

  本书是在笔者的博士学位论文基础上进行补充、拓展与完善而成的，本书能最终成稿离不开笔者的博士生导师福州大学叶阿忠教授的悉心指导，叶教授严谨的治学态度和求真务实的创新精神令笔者终身受益，感激之情难以言表，唯有加倍努力以报师恩。特别感谢研究室主任张涛研究员对笔者工作的指导和支持。此外，本书还得到了国家社科基金青年项目（12CJY011）的支持，在此表示感谢。

  限于水平，书中难免存在不足之处，恳请专家、学者和同行批评指正，这将是鼓励我不断进步的动力。

冯　烽

2019年3月

摘 要

提高能源效率是中国节能降耗能源政策的重要手段，也是各国政府应对能源挑战和气候变化问题的共同举措。然而，能源效率改善的节能效果受到回弹效应的影响，即技术进步通过提高能源使用效率而节约能源消耗，但技术进步也会促进经济增长，从而对能源产生新的需求，部分地（甚至完全）抵消所节约的能源。当前，中国正处于经济发展的关键阶段，面临着经济发展与环境资源保护的双重压力。在此背景下，深入研究中国能源回弹效应的客观状况，是清楚认识当前中国能源消耗不断攀升的重要前提，也是科学制定经济发展与节能降耗政策的客观依据。

在理论上，本书在既有图解分析的基础上构建数理模型，分析了能源使用效率改善引致能源回弹效应的机理。结果表明：a) 短期回弹效应大小取决于能源要素的供给价格弹性和能源要素的需求价格弹性两方面，并且在短期内，回弹效应可表现为零回弹效应、部分回弹、全回弹和回火四种情形，但是在短期内回弹效应无法实现超节能的回弹情形；b) 长期回弹效应大小除了取决于能源要素的供给价格弹性、能源要素的需求价格弹性之外，还与非能源要素边际产出关于各要素的交叉弹性及非能源要素的供给价格弹性有关，并且在长期，回弹效应不仅可表现为零回弹效应、部分回弹、全回弹、回火四种情形，还可能出现超节能的回弹情形。

在实证上，第一，为客观探寻中国能源消耗与经济增长之间的演变关系并刻画中国经济增长状况，通过对中国的能源消耗、二氧化碳排放量进行描述性统计分析，在 EKC 假说的框架下，采用灵活稳健的半参数面板数据模型对中国二氧化碳排放的环境库兹涅茨曲线进行实证研究。第二，针对既有文献采用不变能源产出弹性测算回弹效应、忽略经济空间技术溢出效应以及能源—经济非线性关系的缺憾，鉴于能源使用效率数据的可获性，并考虑到能源效率与技术进步的内生影响关系，将能源效率改善所致的回弹效应测算问题转化为技术进步所致的能源回弹效应测算问题进行研究，在构建三要素经济增长的半参数空间面板数据模型的基础上，给出经济增长过程中技术进步所致的能源回弹效应测算方法，进而利用中国省际面板数据对经济增长过程中的能源回弹效应进行实证研究。第三，针对既有文献测算能源回弹效应研究普遍忽略经济部门技术溢出效应的缺憾，从整个社会经济系统综合联系的角度，给出一种基于能源投入产出序列表的回弹效应稳健测算方法，通过编制中国1997 年、2002 年、2007 年、2012 年的含能源实物流量的价值型能源投入产出可比较序列表，测算出中国各行业及整体经济的能源回弹效应。第四，为了分析能效因素与能源效率的长期均衡关系，通过基于 Panel VAR 模型的脉冲响应函数与方差分解技术研究了能源价格、技术水平对能源效率的波动传导机制。第五，针对能源使用效率数据难以获得的局限，根据居民家庭消费支出及商品服务价格数据，通过建立 LA-AIDS 模型刻画居民家庭在各类商品服务中的支出份额与支出总额及商品价格之间的需求关系，并在此基础上分析客运交通能源使用效率的改善所带来的运输成本下降及其对居民交通需求的影响，进而测算出中国客运交通中的能源回弹效应。

空间技术溢出的能源回弹效应实证结果表明：a）中国各省区的经济增长不仅与本地区的要素投入有关，还受到来自其他地区技术冲击的影响，区域经济增长中存在显著的技术溢出效应。b）经济产出关于能源投入的弹性随能源投入量的时空变化而非线性变化。c）能源消耗在中国经济发展中存在阶段性的能耗回弹效应。d）能源回弹效应相对集中出现在东部省区，而经济欠发达省区较少出现。e）大部分省区所出现的能源回弹效应主要集中在 2001 年以前，2002 年以后回弹效应出现的频数明显比 2001 年以前要少，这种时间分布特征在中、西部省区表现更为明显。f）中国的省区能源回弹效应总体而言呈现出节约能源的特征，能源回弹效应并非中国能源消耗总量攀升的主要原因，重工业化提速中能源使用效率与技术水平低下为中国能源消耗增长过快的主要原因。

部门技术溢出的能源回弹效应实证结果表明：a）中国各部门之间的能源消耗存在技术溢出效应，行业能源效率的提高不仅会影响本行业的能源消耗与产业经济的增长，同时也会对其上、下游行业的能源消耗与产业发展产生影响。b）中国的能源强度存在显著的行业异质性，能源强度大的行业主要集中在能源生产与加工业、金属冶炼及压延加工业、非金属矿物制品业、化学工业、交通运输仓储和邮电通讯业、造纸印刷及文教体育用品制造业这 6 大行业，批发和零售贸易餐饮业、农林牧渔业等行业的能源强度较低。c）建筑业、金属制品业、纺织服装鞋帽皮革羽绒及其制品业、交通设备电子电气制造业的完全综合能耗系数远高于其直接能耗系数，这些行业的直接能耗并不算太高，但由于在生产过程中需要大量高能耗产品作为其中间投入，从而这些行业的完全综合能耗系数远高于其直接能耗系数。d）金属冶炼及延压加工业、非金属矿物制品业、化学工业、金属矿采选业、水的生产与供应业、金属制品业、交通运输仓储和邮电通讯业、非金属矿采选业的行业产出对于能源服务的投入较为敏感。e）能源在现代经济社会中的要素地位愈发重要，整体经济的能源产出弹性呈现出明显的上升趋势。f) 整体经济能源强度样本期内的下降抑制了中国整体经济能源消耗的增长，但 1997—2002 年、2002—2007 年、2007—2012 年的能源强度的变动对整体经济能源消耗增长的抑制力不断下降。g) 整体经济产业结构样本期内的变化拉升了中国整体经济的能源消耗量，但产业结构的变动对整体经济能源消耗的变动由拉升作用开始转向抑制作用。h) 整体经济规模样本期内的扩张拉升了中国整体经济的能源消耗量，且拉升作用具有增大的态势。这一结果进一步说明了粗放式的经济高速增长是中国能源消耗量急剧增长的重要原因之一。i) 各行业在不同程度上都存在能源回弹效应的现象，但并非所有年份均会出现能源回弹效应，各行业及经济整体均没有出现超节能和"回火"的情形，样本期内整体经济的能源回弹效应并不高，基本稳定在 12%—16%。j) 1997—2012 年能源回弹效应较高的行业为金属冶炼及压延加工业（78.91%）、金属矿采选业（60.60%）、化学工业（46.14%），这三个行业的能源回弹效应都超过或接近 50%。

技术溢出视角的居民客运交通能源回弹效应实证结果表明：a) 居民支出水平与交通消费的价格对于交通消费的需求均具有重要影响，并且支出水平对交通消费的需求影响大于价格对交通消费的需求影响，客运交通价格的下降将增加居民的交通消费支出占总支出的份额，居民支出水平的增加也会引起居民交通消费支出占总支出份额的增加，并且支出水平较之于价格对交通消费支出份额的影响更大。b) 客运交通中能源使用效率的提高通过价格机制增加了能源消耗进而产生回弹效应，部分抵消了由于能源使用效率提高所节约的能源量，回弹效应值高达 86.55%，逼近"回火"的警戒线。c) 居民收入水平的快速提高及购买力的增强所带来的消费结构升级是客运交通快速发展的重要原因，也是客运交通运输中能源消耗持续增长的重要影响因素。

本书的研究过程完善了能源回弹效应的理论分析框架，研究方法创新了能源回弹效应的测算方法，研究结果对中国节能减排的能效调控政策选择具有重要的参考价值。

关键词：能源回弹效应；技术溢出；半参数空间面板数据模型；混合单位能源投入产出模型

目 录

第一章 导论 ……………………………………………………（1）
 第一节 研究背景 ……………………………………………（1）
 第二节 研究意义 ……………………………………………（4）
  一 理论意义 ………………………………………………（4）
  二 实践价值 ………………………………………………（5）
 第三节 研究思路和方法 ……………………………………（6）
  一 研究思路 ………………………………………………（6）
  二 研究方法 ………………………………………………（9）
 第四节 主要创新点 …………………………………………（9）
 第五节 研究特色 ……………………………………………（10）

第二章 能源回弹效应相关研究文献综述 ……………………（12）
 第一节 经济增长与能源消耗关系研究现状 ……………（12）
  一 经济增长与能源消耗关系的理论研究 ……………（12）
  二 经济增长与能源消耗关系的实证研究 ……………（14）
 第二节 经济增长与环境压力 EKC 假说的研究现状 ……（16）
 第三节 能源回弹效应的研究现状 ………………………（18）
  一 能源回弹效应概念的起源 …………………………（18）

二　能源回弹效应的分类 …………………………………（21）

　　三　能源回弹效应实证结果 ………………………………（23）

第四节　文献评述 ………………………………………………（26）

第三章　中国能源消耗、二氧化碳排放量的统计分析及EKC假说的实证 ……………………………………（28）

第一节　能源消耗概况 …………………………………………（29）

　　一　国际比较分析 …………………………………………（29）

　　二　东、中、西部三大区域比较分析 ……………………（32）

　　三　省际比较分析 …………………………………………（34）

第二节　二氧化碳排放量概况 …………………………………（36）

　　一　国际比较 ………………………………………………（36）

　　二　省区二氧化碳排放量的估算方法 ……………………（37）

　　三　东、中、西部三大区域比较分析 ……………………（39）

　　四　省际比较分析 …………………………………………（39）

第三节　中国EKC假说的实证 …………………………………（42）

　　一　分析框架与计量模型 …………………………………（42）

　　二　模型的估计方法 ………………………………………（44）

　　三　数据及变量的描述性统计分析 ………………………（45）

　　四　变量的协整检验 ………………………………………（48）

　　五　EKC参数面板数据模型估计及Hausman检验 ………（49）

　　六　EKC半参数面板数据模型估计结果 …………………（51）

第四节　小结 ……………………………………………………（55）

第四章 能源回弹效应的形成机理 (58)

第一节 生产者理论与消费者理论对回弹效应的解释 (58)
一 消费者的角度 (59)
二 生产者的角度 (61)

第二节 回弹效应的数理模型 (62)
一 均衡模型的构建 (63)
二 短期回弹效应 (65)
三 短期回弹效应情景分析 (68)
四 长期回弹效应 (69)
五 长期回弹效应情景分析 (73)

第三节 小结 (74)

第五章 技术溢出视角下中国各省区能源回弹效应的测算 (76)

第一节 基于半参数空间面板数据模型的回弹效应测算方法 (77)
一 三要素经济增长模型的改进 (77)
二 含地区经济空间技术溢出的能源回弹效应测算 (78)

第二节 半参数个体固定效应空间面板数据模型的估计 (80)

第三节 技术溢出视角下中国省区能源回弹效应的实证 (82)
一 数据来源与预处理 (82)
二 面板数据单位根检验与协整检验 (85)
三 空间相关性检验 (87)

四　Hausman 检验及模型估计结果的比较 ……………（89）
　　五　中国各省区回弹效应的测算结果 …………………（94）
第四节　小结 ……………………………………………………（97）

第六章　技术溢出视角下中国宏观经济及分行业能源回弹效应的测算 ……………………………………（100）

第一节　基行业结构与能源效率变化对能源消耗的
　　　　影响机制分析 ………………………………………（101）
第二节　基于可比价能源投入产出表的能源回弹效应
　　　　测算方法 ……………………………………………（104）
　　一　能源回弹效应的定义式 ……………………………（104）
　　二　能源效率提高、经济增长所致的能源
　　　　需求量变化 …………………………………………（104）
　　三　能源效率提高对经济增长的贡献 …………………（106）
　　四　基于能源投入产出表估计要素的产出弹性 ………（108）
第三节　可比价能源投入产出表的编制 ………………………（108）
第四节　技术溢出视角下中国宏观经济及分行业能源
　　　　回弹效应的实证 ……………………………………（112）
　　一　数据来源 ……………………………………………（112）
　　二　各行业能源效率分析 ………………………………（112）
　　三　各行业要素产出弹性的估计结果 …………………（123）
　　四　中国整体经济能源消耗量变动的 LMDI
　　　　分解实证结果 ………………………………………（125）
　　五　中国分行业能源回弹效应实证结果 ………………（127）
第五节　小结 ……………………………………………………（133）

第七章 居民客运交通消费中的能源回弹效应测算 (139)

第一节 分析框架与计量模型 (140)
第二节 回弹效应的实证研究 (142)
一 数据来源与变量说明 (142)
二 计量结果 (144)
三 能源回弹效应测算结果 (146)
第三节 小结 (147)

第八章 中国能源价格、技术进步对能源效率的变动效应研究 (149)

第一节 分析框架与理论模型 (149)
第二节 指标选取与计量模型 (153)
第三节 基于 Malmquist TFP 指数的技术进步测算 (154)
一 测算技术进步的 Malmquist TFP 指数方法介绍 (154)
二 基于 Malmquist TFP 变化指数的技术进步测算结果 (158)
第四节 能源价格、技术进步对能源效率变动效应的实证研究 (160)
一 变量及数据说明 (160)
二 面板数据单位根检验与协整检验 (161)
三 长期均衡关系分析 (163)
四 SVAR 模型的参数估计与模型的稳定性检验 (164)
五 波动传导机制分析 (169)
六 各影响因素对能源效率变动效应的贡献 (174)
第五节 小结 (176)

第九章　主要结论、政策思考与研究展望 ……………（177）

  第一节　研究结论………………………………………（177）

  第二节　对中国能源回弹效应的审视……………………（183）

  第三节　中国节能对策的政策建议………………………（185）

  第四节　研究展望………………………………………（189）

参考文献 ………………………………………………（191）

第 一 章

导　　论

第一节　研究背景

能源是人类社会发展与经济增长最基本的驱动力。随着经济社会的发展，能源需求持续增长与能源资源稀缺性的矛盾日益突出，这也加剧了能源对各国经济可持续发展的制约。能源也从人类社会发展的物质基础上升到了国家经济之血脉的重要战略地位。因此，为应对全球能源安全挑战、保障国家的安全稳定，节能降耗已成为各国政府实施可持续发展能源战略的共同选择。

改革开放以来，中国对世界经济的发展做出了卓越贡献，同时也消耗了大量的能源。1978—2015 年，中国实际国内生产总值（GDP）增长了 29.91 倍，年均增长速度为 9.62%[1]，中国在经济发展上取得了巨大成就的同时也付出了巨大的能源和环境代价。2015年中国的能源消耗总量达到 43 亿吨标准煤，是 1978 年 57144 万吨标准煤的 7.52 倍[2]，其中，煤炭的消耗量由 1978 年的 40400 万吨标准煤增加到 2015 年的 275200 万吨标准煤，年均增长 5.32%；石油的消耗量由 1978 年的 12971 万吨标准煤增加到 2015 年的 77830

---

[1] 本书所有的年均增长速度均以几何平均增长速度计算，下同。
[2] 能源消耗总量数据来源于《中国统计年鉴（2016）》。

万吨标准煤，年均增长4.96%；天然气的消耗量由1978年的1828万吨标准煤增加到2015年的25370万吨标准煤，年均增长7.36%。能源消耗所产生的二氧化碳排放量[①]由1978年的14.62亿吨攀升到2014年的102.92亿吨。高能耗、高排放使得中国成了能源消耗总量与碳排放量第一大国，因此，中国政府在节能减排上正面临着巨大的国际压力。

作为负责任的大国，中国在2009年哥本哈根会议上做出承诺，提出了到2020年单位GDP二氧化碳排放比2005年下降40%—45%的减排目标。事实上，中国早在2006年的《国民经济和社会发展第十一个五年规划纲要》就提出了"十一五"期间单位GDP能耗降低20%左右，主要污染物排放总量减少10%的约束性指标。2011年《国民经济和社会发展第十二个五年规划纲要》提出了在"十二五"期间单位GDP能耗降低16%的约束性指标，并且为了保证该目标的实现，国务院出台了《"十二五"节能减排综合性工作方案》，对全国节能指标进行地区分解，以实现2015年全国万元国内生产总值能耗下降到0.869吨标准煤（按2005年价格计算）、节约能源6.7亿吨标准煤的节能目标。中国一直是全球应对气候变化事业的积极参与者，在2014年11月发布的《中美气候变化联合声明》和2015年的巴黎气候变化大会（COP21）上，中国提出了"将于2030年左右使二氧化碳排放达到峰值并争取尽早实现"的国家自主贡献目标。随后，国务院发布的《"十三五"控制温室气体排放工作方案》进一步要求2020年碳强度比2015年下降18%，以确保实现2030年碳排放总量达峰。事实上，中国一直致力于优化能源消耗结构、提高能源使用效率并实现了碳排放强度的持续下降。习近平总书记在党的十九大报告中也肯定了党的十八大以来生

---

① 二氧化碳排放量数据来源于世界银行官方网站（https：//data.worldbank.org/indicator）。

态文明建设所取得的显著成效："引导应对气候变化国际合作，成为全球生态文明建设的重要参与者、贡献者、引领者。"中国在2018年卡托维兹气候变化大会（COP24）的积极态度再次诠释了中国的大国责任和大国担当。

提高能源效率是中国节能降耗能源政策的重要手段，也是各国政府应对能源挑战和气候变化问题的共同举措。以创造世界经济发展奇迹的日本为例，该国1955—1973年的实际GDP年均增长率为9.3%，能源消耗的年均增长率更是高达12.9%，生产规模的扩大使其大气污染、水质污染等环境问题频发。为缓解能源匮乏与环境污染问题，以技术立国的日本致力于新能源的开发与能源效率的提高，有效协调了经济增长与能源消耗，1974—1994年日本的实际GDP年均增长3%，能源消耗年均下降0.4%，其产业活动所造成的环境污染问题也得以解决。然而，就中国的情况而言，尽管改革开放以来中国的能源效率不断提高，但是在控制能源消耗总量上却不甚理想，1978—2011年中国单位GDP能耗从15.67万吨标准煤/亿元逐年下降到4.24万吨标准煤/亿元，年均下降3.88%，然而，能源消耗总量却以年均5.63%的速度不断攀升。也就是说，随着能源强度的下降和能源效率的提高，中国能源消耗总量非但没能实现预期的节能目标，反而增加了能源消耗。这也是中国能源政策由"十一五"时期侧重于通过降低单位GDP能耗来实现节能目标，转变为"十二五"时期把合理控制能源消耗总量放到了非常重要的位置的客观原因。

中国的能源效率与能源消耗总量的变化趋势表明，单纯通过提高能源效率难以达到预期的节能降耗效果。这是因为，技术进步能否通过提高能源效率来降低能源消耗主要取决于回弹效应（Rebound Effect）的大小。在中国能源效率不断提高的同时，能源消耗总量仍急剧增长，这说明中国的能源消耗与经济增长中可能存在回弹效应。

能源使用效率的提高对中国节能降耗政策实施效果有何影响？为何中国能源使用效率不断改善而能源消耗总量却不断攀升？能源使用效率的提高如何影响能源消耗总量的变化？中国经济增长中技术进步对能源消耗是否存在回弹效应？回弹效应的时空特征如何？这一系列问题无疑是中国政府制定有效的节能降耗政策亟须解决的重要问题。

当前，中国正处于发展的关键阶段，探寻能源回弹效应机理，研究中国能源回弹效应，厘清能源回弹效应对实现既定节能目标的影响，寻求节能降耗的有效方案，不仅是当前中国大力推进生态文明建设的核心内容，也是中国顺利实现高质量工业化的有效保障。

第二节 研究意义

尽管以能源消耗和经济增长为研究对象的论文可谓汗牛充栋，但是系统分析中国能源回弹效应的研究甚少，尤其是从技术溢出的视角对回弹效应进行动态研究的文献更是少之又少。中国已明确提出了在2030年左右实现二氧化碳排放达峰、2020年碳强度比2015年下降18%的节能减排目标，该目标的实现迫切需要能源经济的理论支持与实践指导，回弹效应是能源经济领域的崭新问题，因而，本研究颇具理论价值与现实意义。

一 理论意义

在理论上，本研究针对能源回弹效应的形成机理，在已有图解分析的基础上，根据经济增长一般均衡条件构建数理模型，分析能源使用效率改善对能源消耗量的影响，进而推导短期和长期能源回弹效应的解析式，以拓展经济增长理论和完善能源回弹效应理论。

在地区能源回弹效应的测算方法上，针对现有文献测算回弹效应研究忽略地区经济空间技术溢出效应以及能源—经济非线性关系的缺憾，构建三要素经济增长的半参数空间面板数据模型，在此基础上给出经济增长过程中技术进步所致的能源回弹效应的测算方法，对中国省区的能源回弹效应进行了动态测算，这丰富了地区能源回弹效应的实证手段。

在行业的能源回弹效应的测算方法上，针对现有文献测算回弹效应忽略经济部门技术溢出效应的缺憾，从整个社会经济系统综合联系的角度，给出一种基于能源投入产出序列表的能源回弹效应稳健测算方法。通过编制中国含能源实物流量的价值型能源投入产出可比较序列表，对中国各行业及整体经济的能源回弹效应进行实证测算，这丰富了行业能源回弹效应的实证手段。

二 实践价值

通过对中国能源消耗的 EKC 假说的实证研究，可以研究中国人均二氧化碳排放的拐点，进而审察中国的环境压力随经济增长的演变过程及其省区差异，为中国碳减排指标的省区分配提供有价值的参考依据。

通过对能源回弹效应形成机理的研究，可以帮助我们正确看待技术进步或能源使用效率提高所致的能源回弹效应，进而指导我们利用好"技术进步"这把双刃剑，一方面需要着力提升能源使用效率，另一方面需要通过价格、能源使用附加税等价格和税收杠杆平抑回弹效应。

通过对中国省区能源回弹效应的实证研究，可以帮助我们客观认识中国能源回弹效应的时空特征，为节能减排目标的地区分解提供科学参考，还可以科学评估各省区技术进步与其他能效调控手段的实施效果。

通过对中国分行业与整体经济的能源回弹效应的实证研究，可以帮助我们客观认识中国能源回弹效应的行业特征及其演化趋势，为产业结构的优化升级提供有益参考。

通过分析客运交通能源使用效率的改善所带来的运输成本下降及其对居民交通需求的影响，对中国客运交通能源消耗的回弹效应进行实证研究，有助于认识能源价格、居民收入的变化对居民交通中能源消耗的影响。

通过对分省区、分行业及整体经济、居民客运交通消费的中国能源回弹效应系统研究，为中国节能降耗的宏观调控及政策制定提供科学参考，也为应对重工业化对节能减排的挑战、实现新型绿色工业化的道路提供政策选择。

第三节 研究思路和方法

一 研究思路

本研究试图系统研究能源回弹效应产生机理并对其进行科学测算，具体研究思路如下。

第一，梳理国内外有关回弹效应的相关理论。在系统查阅能源经济相关文献的研究基础上，厘清回弹效应理论发展脉络及其之间的关联，发现已有研究的不足，找到本研究的切入点，明确本研究的逻辑起点与目标，选择科学合理的研究方法。

第二，回弹效应存在性之描述统计分析及中国能源消耗 EKC 假说的实证。通过对中国的能源消耗、二氧化碳排放量进行描述性统计分析，揭示中国能源回弹效应存在的可能性，为进一步对中国能源回弹效应进行计量分析提供描述性的统计分析依据。在此基础上，由 EKC 假说出发，对中国 EKC 曲线的存在性进行实证研究，通过揭示人均二氧化碳排放量的经济拐点，全面认识各省区环境压力与经济增长的关系，进而为能源消耗与经济增长间的非线性关系提供实证支持，也为本研究测算回弹效应采用半参数空间计量模型研究提供现实依据。

第三，揭示回弹效应的形成机理。分别从消费者与生产者的角度对回弹效应的形成机理进行图解分析，在此基础上，通过构建包括能源消耗在内的经济增长模型，根据一般均衡条件构建回弹效应的数理模型，揭示能源回弹效应的形成机理，奠定本研究的理论基础。

第四，技术溢出视角下中国各省区能源回弹效应的测算。针对现有文献测算回弹效应普遍忽略地区之间技术溢出效应的缺憾，构建三要素经济增长的空间误差模型，根据能源消耗与经济增长的非线性关系、地区经济的空间相关性，构建合适的半参数空间面板数据模型，给出地区间存在技术溢出的能源回弹效应的测算方法并对中国历年各省区的能源回弹效应进行实证测算。

第五，技术溢出视角下中国宏观经济及分行业能源回弹效应的测算。针对现有文献测算回弹效应普遍忽略部门之间技术溢出效应的缺憾，通过编制中国1997年、2002年、2007年、2012年的含能源实物流量的价值型能源投入产出序列表，反映整体经济系统中各部门的综合联系与技术溢出，给出了部门间存在技术溢出的能源回弹效应的测算方法并对中国宏观经济及分行业的能源回弹效应进行实证测算。

第六，居民在客运交通中的能源回弹效应测算。采用线性近似几乎理想需求系统模型对中国居民在客运交通中的能源回弹效应进行测算，旨在研究提高客运交通能源效率对居民交通消费支出中的能源回弹效应的影响。

第七，能源价格、技术进步与能源效率的动态效应实证研究。从内生性视角构建了分析能源效率及其影响因素动态效应的经验模型，并以中国省际面板数据对能源价格、技术进步与能源效率之间的长期均衡关系及动态效应进行实证研究，旨在发现能源效率的影响因素及其作用机制，并为中国能源消耗回弹效应的存在性从另一个角度提供实证证据。

第八,结果分析与政策建议。对中国能源回弹效应的测算结果进行分析,汇报主要结论,破解中国能源消耗总量攀升的真正原因,进而对中国节能降耗及可持续发展提出相应的政策思考与建议。

本研究的技术路线详见图1—1。

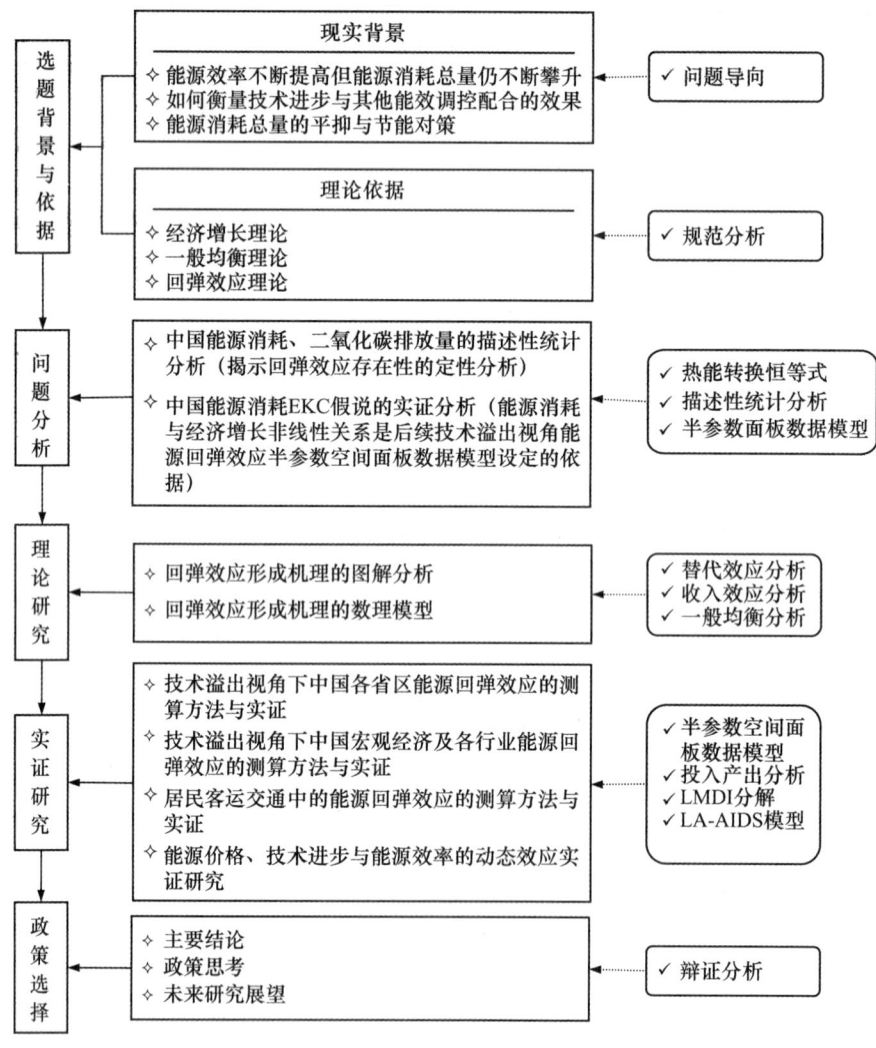

图1—1 本研究的技术路线

资料来源:笔者自制。

二 研究方法

本研究将采用理论研究与实证研究相结合、定性研究与定量研究相结合的方法对中国能源回弹效应进行系统研究，所采用的研究方法如下。

（1）文献研究。通过文献检索、阅读和分析，梳理国内外关于回弹效应研究的发展脉络与现状，基于文献研究成果作为课题的理论基础，初步提出理论构思。

（2）数理模型研究。在文献研究与图解分析的基础上，构建数理模型刻画能源回弹效应的形成机理。

（3）计量模型研究。在回弹效应机制与数理模型的理论指导下，采用投入产出分析、LMDI分解法等统计分析方法与空间计量模型、非（半）参数计量模型等现代计量方法，对中国能源经济的历史数据进行回弹效应的经验研究。

第四节 主要创新点

本研究主要创新之处可以归纳为以下四个方面。

（1）对中国 EKC 假说运用半参数面板数据模型进行实证研究。在 EKC 假说的基础上，运用半参数面板数据模型，"由数据说话"，避免模型设定的偏误，以客观描述中国 EKC 曲线的存在性，丰富了 EKC 假说实证检验的研究手段。这是本研究的创新点之一。

（2）给出了半参数空间面板数据模型的估计方法并应用于地区间存在技术溢出的能源回弹效应测算的实证研究。现有对区域回弹效应测算的实证研究主要根据不变能源产出弹性进行测算，忽略了能源产出弹性的时变性与个体异质性及技术溢出所致的空间相关性，本研究构建了半参数空间面板数据模型并给出其估计方法，并将其应用于能源回弹效应的测算研究，丰富并完善了能源回弹效应的测算方法。这是本研究的创新点之二。

（3）将能源投入产出模型与 LMDI 分解方法结合起来应用于部门间存在技术溢出的能源回弹效应测算的实证研究。现有对行业能源回弹效应测算的实证研究主要是使用单个行业自身的时间序列数据的计量模型进行测算，这一方法所得结果缺乏稳健性。鲜见从整个社会经济系统综合联系的角度使用投入产出表对各经济部门及整体经济的能源回弹效应进行测算，本研究通过编制中国 1997 年、2002 年、2007 年、2012 年的含能源实物流量的价值型能源投入产出序列表刻画经济系统中各部门之间的综合联系，进而测算各行业及整体经济的能源回弹效应。这是本研究的创新点之三。

（4）针对能源使用效率数据难以获得的局限，根据居民家庭消费支出及商品服务价格数据，通过建立 LA-AIDS 模型刻画居民家庭在各类商品服务中的支出份额与支出总额及商品价格之间的需求关系，并在此基础上分析客运交通能源使用效率的改善所带来的运输成本下降及其对居民交通需求的影响，进而测算出中国客运交通中的能源回弹效应。这丰富了居民生活能源消耗回弹效应测算的方法。这是本研究的创新点之四。

第五节　研究特色

（1）区别于现有回弹效应研究普遍基于单一的计量模型进行的实证研究，本研究对能源使用效率改善所产生的回弹效应形成机理运用数理模型进行探讨，在既有能源回弹效应图解分析的基础上，构建资本、劳动、能源三要素经济增长模型，根据一般均衡条件通过数理模型分析回弹效应形成机理，是对经济增长理论的拓展，也是对能源回弹效应理论的完善，更为后续的实证计量研究提供了一个理论分析框架。这体现了本研究理论研究与实证研究相结合的研究特色。

（2）紧扣能源经济领域热点，创新能源回弹效应计量分析方法，突出研究结果服务经济社会发展的实践性。本研究从能源回弹效应这一能源经济领域崭新热点切入，立足于中国能源消耗不断攀升的现实，创新地区能源回弹效应、行业及整体经济能源回弹效应测算方法，通过揭示中国能源回弹效应与能源消耗总量攀升的关系，回归探寻中国可持续发展的能源经济政策建议之逻辑起点。这体现了本研究学术价值与实践价值并重的又一研究特色。

第 二 章

能源回弹效应相关研究文献综述

作为技术经济、能源经济与宏观经济领域的热点问题，有关能源消耗与经济增长关系的理论研究与实证研究已经引起了学术界的广泛兴趣与各国政府的共同关注并已有大量的文献与研究成果。尽管近年来能源回弹效应引起了学者们的研究兴趣，但是系统探讨能源回弹效应的研究并不多见，本章对相关的研究现状进行文献述评。

第一节 经济增长与能源消耗关系研究现状

一 经济增长与能源消耗关系的理论研究

20世纪70年代中东石油危机的爆发以及罗马俱乐部的"增长极限论"的提出引发了人们对经济发展与能源、环境关系这一问题的思考。罗马俱乐部认为石油等自然资源的供给是有限的，并在其第一个研究报告《增长的极限》中预言经济增长不可能无限地持续下去（Meadows等，1972）。学术界普遍认为罗马俱乐部的"增长极限论"过于悲观并对其进行了回应，将能源消耗与环境污染问题引入到新古典增长理论中研究了能源消耗的最优路径问题，并得到了相对乐观的结论：即使人口是正增长且自然资源存量有限，在一定的技术条件下，仍然可能保持人均消费的持续增长（Dasgupta 和

Heal，1974；Dasgupta 和 Heal，1979），但其技术进步的外生决定引起了广泛争议。

　　Romer（1986）、Romer（1990）、Lucas（1988）、Grossman 和 Helpman（1991）等运用"干中学"模型、人力资本积累理论、R&D 理论将技术进步内生化，提出了内生的技术进步是经济持续增长的决定因素的内生经济增长理论。随后，学者们开始尝试将资源、环境等因素纳入到内生增长理论中进行研究以克服新古典增长理论将经济增长的动力归为无法解释的外生技术进步的不足，代表性的研究有：Bovenberg 和 Smulders（1995）在 Romer（1986）的知识外溢模型中把污染引入生产函数、环境质量引入效应函数进行研究；Stokey（1998）将环境污染引入 Barro（1990）的"AK"模型研究了环境污染外部性的经济持续增长问题；Grimaud 和 Rougé（2003）则在熊彼特模型中引入环境污染与有限的不可再生资源考察环境资源的限制对经济增长的影响，认为资源使用税的减少有利于实现最优增长路径；Zon 和 Yetkiner（2003）将中间产品的能源消耗引入 Romer（1990）的内生增长模型中，其结果表明推广后的情形仍具有稳态的增长，且增长率与能源价格的增长率呈反方向变化。内生经济学派认为可以通过寻求能源利用的最优路径实现经济的持续增长，技术进步有可能使得能源不再成为经济增长的制约条件。除了关心能源对经济增长的影响之外，新增长理论学者对能源消耗与技术之间的关系更感兴趣，他们关心能源价格的冲击与能源政策的变化是否会引致节能技术的发展，Newell 和 Stavins（1999）认为除了自发的技术变革外，能源价格的提升与政府的规制有助于能源效率的提高；Popp（2002）的研究表明能源价格对于技术变革有显著的正向影响。另外，Gupta 和 Barman（2010）在 Agénor（2008）的基础上引入环境污染，研究了健康资本、公共设施以及环境污染共同作用下的内生增长模型及其稳态增长时的最优财政政策；彭水军（2008）研究了存在污染外部性的内生增长模型的劳动供给与人力资本积累的内生决定问题；Criado 等（2011）则将内生的减排引入到新古典增长模型中研究经济增长与环境污染的收敛性问题及其动态关系。

上述研究为本研究分析能源回弹效应提供了有益的理论借鉴，但如何根据经济增长理论模型去分析回弹效应的形成机理有待深入研究。

二 经济增长与能源消耗关系的实证研究

自20世纪70年代能源经济学发展成为一门独立的学科起，能源与经济的关系始终是其传统的研究内容。Kraft 和 Kraft（1978）被视为是该研究内容的开拓性工作，Kraft 和 Kraft（1978）对美国1947—1974年的经济增长与能源消耗总量数据采用标准的 Granger（1969）检验发现经济增长是能源消耗的单向 Granger 原因。然而，Yu 和 Hwang（1984）采用同样的方法对美国1947—1979年的数据检验却得到 GNP 与能源消耗之间并无因果关系。随后，类似的研究开始延拓至其他发达国家与发展中国家，但并没有形成统一的定论。Yu 和 Choi（1985）以1954—1976年的数据发现不同国家的结论不尽相同，在韩国 GNP 是能源消耗的单向 Granger 原因，菲律宾也存在单向的因果关系但方向相反，然而美国、波兰与英国的 GDP 与能源消耗不存在因果关系。Hwang 和 Gum（1992）对台湾1955—1993年的总量数据研究表明 GDP 与能源消耗双向的因果关系，Yang（2000）对台湾1954—1997年的研究也得到了相同的结论。Cheng（1997）与 Wolde-Rufael（2004）各自研究了巴西（1963—1993年）与上海（1952—1999年），均得到了能源消耗是引起 GDP 变化的 Granger 原因的相似结论。Chiou-Wei 等（2008）对美国及亚洲新兴工业化国家1954—2006年的数据应用线性与非线性 Granger 因果检验的结果表明，美国、泰国、韩国不存在能源消耗与 GDP 间的因果关系，菲律宾、新加坡的 GDP 增长引起了能源需求的增加，但中国台湾、中国香港、马来西亚和印度尼西亚均支持是能源消耗促进了经济增长。Chontanawat 等（2008）对 30 个 OECD 成员国与 78 个非 OECD 成员国在相同样本期进行了检验并比较，得出了相对于非 OECD 成员国，发达的 OECD 成员国更倾向于是能源消耗促进了 GDP 增长。Zhang 和 Cheng（2009）对中国 1960—2007 年的总量数据检验发现 GDP 的增长单向引起了能源消耗的增加。Tsani（2010）对 1960—2006 年的希腊数据研究表明能源消耗单向引起了 GDP 的变动。Alam 等（2011）对印度 1971—2006 年的研究表明经济增长与能源消耗间不存在因果关系。

2011 年诺贝尔经济学奖获得者 Sims 于 1980 年提出了向量自回归（Vector autoregression，VAR）模型并成功运用于宏观经济分析。同时，VAR 模型也为能源经济学家分析能源、经济与环境提供了新的视角。不少学者试图从系统论及内生性的视角，认为 GDP、能源消耗与环境污染等变量同属一个系统中互相影响、互相决定并通过 VAR 类模型进行刻画。Stern（1993）就美国 1947—1990 年的 GDP、能源消耗、资本存量与就业人数建立了四变量的 VAR 系统。Ghali 和 El-Sakka（2004）对加拿大 1961—1997 年的 GDP、资本、劳动与能源消耗建立了 VAR 与向量误差修正模型（VECM），以分析各变量间的短期调整机制。Crompton 和 Wu（2005）对中国 1956—2003 年的四种能源（煤、原油、天然气、水电）消费与 GDP 采用 VAR 对未来能源需求量进行了预测。Francis 等（2007）用同样的方法对加勒比地区 4 个国家 1971—2002 年的数据分析并对 2003—2010 年中国的能源需求进行了预测。Soytas 和 Sari（2007）对土耳其 1968—2002 年的电力消费、固定资本投入、劳动和 GDP 建立了 VAR 与 VECM 对变量间的脉冲响应进行分析。

Marvão Pereira 和 Marvão Pereira（2010）对葡萄牙 1977—2003 年的二氧化碳排放、能源消耗与经济表现建立 VAR 模型分析各变量对其他变量的脉冲效应函数。Azgun（2011）对土耳其 1968—2008 年的电力消费与 GDP 建立了二元结构 VAR 系统以考虑二者间的同期影响。郭晔（2007）运用中国和印度 1965—2004 年的数据，运用 VAR 模型、Johansen 协整检验和向量误差修正模型（VECM）等方法，对两国的能源及技术与经济增长的长期关系和短期动态影响进行了比较分析。

尽管能源消耗与经济增长之间的实证结果会由于国家或地区及计量模型选择的不同而得到不一的结论，但是由于二者孰因孰果及能源消耗的产出贡献率对于国家或地区的能源战略与宏观经济政策的制定具有重要的意义，因此，这方面的实证研究至今仍十分活跃。

第二节　经济增长与环境压力 EKC 假说的研究现状

随着人类工业化进程的逐步推进及能源紧缺、环境污染的日益严重，自 20 世纪 90 年代起，环境经济学家开始对环境压力随经济增长的演化轨迹产生了兴趣，EKC 倒"U"形假说（Grossman 和 Helpman，1991；Grossman 和 Krueger，1994）引起了国内外学者的共同关注。Grossman 和 Helpman（1991）、Grossman 和 Krueger（1994）认为在经济发展初期环境质量将随着经济的增长而下降，直到经济发展超越了某一临界值点，经济的发展将有利于环境的改善。然而，Arrow 等（1995）则持相反的观点，认为倒"U"形关系并不对所有国家和地区必然成立。Sengupta（1997）的观点则介乎二者之间，认为存在"N"形关系。Franz（2006）采用实物期权的方法对带有经济不确定条件下的环境动态性进行研究，给出了环境库兹涅茨曲线"N"形的数学条件及其政策含义解释。

近十年来，国内外学者开始采用计量方法对 EKC 的存在性及其转折点位于何处进行了大量的实证研究，但研究结果很大程度上依赖于污染物的指标与样本国。其中，Cole 等（1997）以 1970—1992 年 OECD11 个成员国的数据为样本发现人均能源消耗与人均收入呈正比。Agras 和 Chapman（1999）对 34 个国家 1970—1990 年的面板数据的研究未能发现能源消耗的 EKC 存在。Kim（1999）对韩国的污染物进行分析发现，以污染物的人均值为指标均不拒绝 EKC 假说，然而以污染物密度为指标发现 CO 的 EKC 存在，但 SO_2、NO_2、悬浮物的曲线向右下方倾斜。Lantz 和 Feng（2006）发现加拿大 CO_2 排放的 EKC 存在，其转折点介于 8000—35000 美元的人均 GDP 区间。然而，Galeotti 等（2006）与 Azomahou 等（2006）的研究却发现温室气体，特别是 CO_2 随经济而增长甚至是"U"形曲线而非倒"U"形曲线。Brajer 等（2008）对中国 1990—2004 年 128 个城市的数据的研究表明存在 SO_2 的 EKC。Esmaeili 和 Abdollahzadeh（2009）以石油国 1990—2000 年的面板数据发现存在石油开采量的 EKC。Leitão（2010）对 94 个国家的研究发现污染水平高的国家，其 EKC 拐点对应的人均收入也高。Park 和 Lee（2011）对韩国 1990—2005 年的研究结论表明 SO_2、NO_2 的 EKC 不存在，CO 的 EKC 存在但地区间的 EKC 的转折点差异较大。马树才等（2006）的研究表明只有工业固体废物污染程度指标是随人均 GDP 的增长而下降的，其他两个环境污染程度指标与人均 GDP 之间并不存在，没有证据表明中国的人均 GDP 的增加有助于解决中国的环境问题。许广月等（2010）发现中国及其东部地区和中部地区存在人均碳排放 EKC，但是西部地区不存在，全国、东部、中部和西部地区的 EKC 转折点分别为 59874 元、73130 元、54176 元和

6002元。朱平辉等（2010）对中国30个省（直辖市、自治区）的数据研究发现人均工业废水排放量与人均GDP之间为只有一个拐点的倒"N"形关系，人均工业废气与人均GDP为传统的两个拐点的倒"N"形关系，现处于曲线上升阶段，其他五种工业污染排放与人均GDP之间为倒"U"形关系。王谦等（2011）同样以30个省的数据进行分析，表明东部地区的这三项指标与人均收入成倒"U"形的关系，而EKC在中国的中西部地区并不存在，中西部地区不同污染物的收入—污染曲线分别呈现"U"形或线性关系。赵爱文等（2014）选取1955—2010年中国能源消耗和人均GDP数据，建立了基于三次方关系的中国能源消耗与人均GDP的EKC模型，发现能源消耗总量、人均能源消耗与人均GDP之间存在"N"形EKC，且不存在拐点；能源强度与人均GDP之间存在"N"形EKC，但存在拐点。

上述研究尽管不全支持EKC假说，但大多数研究表明经济增长与环境压力间存在非线性的关系，这一结论说明经济增长与能源消耗之间的关系并不总是线性关系。不足的是这些研究基本上采用的是参数方法，这种通过人为设定变量间非线性函数关系的参数分析方法容易造成结论偏误，所得结论也不够稳健。

第三节　能源回弹效应的研究现状

一　能源回弹效应概念的起源

近年来，在全球节能减排的大背景下，一些国家通过开发新能源、提高能源效率等技术进步手段试图降低能源消耗但却收效甚微，这一现象引起了学者们对"回弹效应（Rebound Effect）"这一崭新课题的关注。

回弹效应是能源经济领域的一个术语，其含义是能源（或能服务)的消费会随能源效率改善所致的能源价格下降而增加。回弹效应这一概念最早是由Jevons于19世纪60年代在其著作《煤炭问题——英国能幸存吗?》中提及,煤炭使用效率的技术改善实际上导致了苏格兰工业经济煤炭消耗的增加。相应地,这一现象被称为"杰文斯悖论(Jevons paradox)"(Herring,1999)。Brookes(1978)与Khazzoom(1980)被认为是最早对回弹效应现象进行研究的经济学文献,Brookes(1978)从宏观的层面对回弹效应现象进行考察,认为能源效率的提高可以促进经济增长,当能源效率对经济增长的影响足够大时,提高能源效率的直接后果将是能源消耗的增加。Khazzoom(1980)指出,能源效率的提高通常可以降低能源服务的边际成本,如果能源服务的需求对能源服务成本的变化敏感,实际能源消耗的减少量与单位能源服务减少量将不成比例变化。Brookes与Khazzoom根据他们各自的研究独立提出了一个假说:能源效率的提高使得有更多的资金投入到经济规模的扩大,从而加速了能源资源的枯竭,这就是著名的Khazzoom-Brookes假说。

尽管早在19世纪60年代"杰文斯悖论"就揭示了回弹效应现象,但是直到20世纪90年代,回弹效应问题才被广泛讨论并上升到政策层面。Saunders(1992)在Khazzoom(1980)和Brookes(1978)的研究基础上正式提出了回弹效应的概念,其含义是通过技术进步提高能源使用效率而节约能源消耗,但技术进步也会促进经济增长,从而对能源产生新的需求,部分地抵消所节约的能源。

Berkhout等(2000)、Haas和Biermayr(2000)、Roy(2000)将回弹效应的大小定义为能源回弹量与理论节能量之比,如式(2—1)所示。

$$R = \frac{回弹量}{理论节能量} = \frac{理论节能量 - 实际节能量}{理论节能量}$$
$$= 1 - \frac{实际节能量}{理论节能量} \quad (2\text{—}1)$$

Saunders（2000）、Saunders（2005）、Saunders（2008）给出了能源回弹效应的定义式：

$$R = 1 + \eta \quad (2\text{—}2)$$

式（2—2）中，R 为回弹效应；η 为能源消耗 E 关于能源效率 τ 的弹性，即 $\eta = \frac{\tau}{E}\frac{dE}{d\tau}$，它刻画了能源消耗变化相对于能源效率变化的反应程度。

事实上，定义式（2—2）与定义式（2—1）是一致的，这是因为：

$$R = 1 + \eta = 1 + \frac{\tau}{E}\frac{dE}{d\tau}$$
$$= \frac{Ed\tau + \tau dE}{Ed\tau} \quad (2\text{—}3)$$

注意到式（2—3）中，$Ed\tau$ 恰好是理论节能量，τdE 恰好是实际能源消耗变化量（当能源效率改善时，该项系数为负），因此，式（2—2）与式（2—1）所计算的回弹效应是一致的。

定义式（2—2）是从零回弹的含义引申出来的，当能源效率减少速率恰好等于能源效率提高速率时，$\eta = -1$，从而出现零回弹的情形：$R = 0$。根据式（2—2）及 η 可能的取值，可能出现以下五种回弹效应情形。

（1）回火（backfire）：$R > 1$ 或 $\eta > 0$；

（2）全回弹（full rebound）：$R = 1$ 或 $\eta = 0$；

（3）部分回弹（partial rebound）：$0 < R < 1$ 或 $-1 < \eta < 0$；

（4）零回弹（zero rebound）：$R = 0$ 或 $\eta = -1$；

（5）超节能（super-conservation）：$R < 0$ 或 $\eta < -1$。

回火意味着能源消耗相对于能效改善实际上是增加的,此时,能源效率的改善将导致能源消耗的增加;全回弹意味着技术进步对能源消耗的变化没有影响;部分回弹意味着能源消耗是下降的,但降低的速率低于能源效率提高的速率;超节能则意味着能源消耗降低的速率大于能效获得的速率。

二 能源回弹效应的分类

A. Greening 等（2000）根据回弹效应产生原因将其分成了三类:第一类是直接回弹效应（Direct Rebound Effect）,即能源效率的提高使得实际收入增加,进而增加了对能源服务或能源产品的消费需求,从而降低了预期的节能量,这种情形可解释为收入效应;第二类是间接回弹效应（Indirect Rebound Effect）,即能源服务或能源产品价格的下降增加了居民的相对收入,导致对其他产品或服务的增加,而这些产品或服务同样需要消耗能源,这种情形可解释为替代效应;第三类是经济范围的回弹效应（Economy-wide effect）,即能源价格的降低可以降低一系列中间产品与最终产品的价格,进而引致经济体一系列的价格调整与能源需求变化,直至整个经济体达到新的均衡状态,这种情形可解释为宏观经济中普遍存在的一般均衡效应。

随着20世纪90年代全球气候变化问题的日益突出,学者们对回弹效应进行了广泛研究,国外相关研究文献主要集中在 *Energy*,*Energy Policy*,*Energy Economics*,*Ecological Economics* 等国际期刊上。Guertin 等（2003）发现加拿大制冷业终端能源效率提高100%将产生38%的长期回弹效应;Jin（2007）研究表明韩国的回弹效应高于加拿大,回弹值高达57%—70%;Sorrell 等,（2009）对OECD国家私人动力交通工具的回弹效应进行研究,结果表明短期直接回弹效应为20%—25%,长期直接回弹效应为87%;Matos 和

Silva（2011）对葡萄牙陆地货运数据的研究表明，直接回弹效应为24.1%；有关其他居民终端能源消耗（如冰箱、照明、洗衣、电视、微波炉等）回弹效应的研究很少，其主要原因是数据难以获取，Freire-González（2011）对居民电力消耗的价格弹性研究被视为居民终端能源回弹效应研究的一种替代方法，得到了西班牙居民终端能源消耗的短期直接回弹效应为35%，长期直接回弹效应为49%；Lin 和 Liu（2013）对中国电力价格改革的研究表明，中国居民电力消耗的回弹效应高达165.22%；学者们对回弹效应的实证结果表明，工业化国家居民能源消耗的回弹效应通常不超过30%，而非工业化国家往往超过30%（Haas 和 Biermayr，2000；Sorrell 等，2009；Ouyang 等，2010）。

就文献数量而言，研究间接回弹效应和经济范围回弹效应的文献数量远少于直接回弹效应的文献数量。其原因是间接回弹效应难以在实证上进行估计，如中央供暖系统能效改善所致的成本下降将增加居民海外度假的支出，显然，这种间接回弹效应很难进行实证估计。尽管如此，Schipper 和 Grubb（2000）认为这种间接回弹效应的数值很小，因为仅有5%的收入被节约并用于航空旅行的能源间接消耗。

Herring 和 Roy（2007）指出，能源服务成本的降低能够影响技术创新和经济消费的速度与方向。由于较低的成本通过新产品（或新服务）的提供与消费开拓了更宽阔的市场，以至于增加了整体经济的能源消耗总量。例如，电灯现在已被广泛使用，众所周知，电灯节能技术的发展和使用成本的降低加速了安全照明和户外照明技术与市场的发展。企业将不断进行技术创新以降低消费成本并开拓市场，当能源效率与这些目标一致的时候，提高能源效率将成为技术创新的重要驱动力（Luiten 等，2006）。因为间接回弹效应与经济范围回弹效应都与经济系统的一般均衡调整有关，因而难以对间接回弹效应与经济范围回弹效应进行分别估计，通常间接回弹效应是与经济范围回弹效应一并估计的（Yu 等，2013）。

三 能源回弹效应实证结果

国内外学者对能源回弹效应进行了广泛的实证研究，表2—1对外文文献有关回弹效应的实证研究结果进行了汇总。近年来，国内学者对于中国的能源回弹效应也进行了尝试性的研究：周勇等（2007）以中国宏观经济能源消耗数据为样本构造替代弹性模型进行估算，结果显示回弹效应在30%—80%波动；王群伟等（2008）采用对数平均迪氏指数法测算技术进步贡献，发现能源回弹效应呈动态下降趋势；国涓等（2010）在超越对数成本函数的基础上引入能源要素份额进行替代弹性分析，测算得到中国工业部门能源回弹效应为39%；刘源远等（2008）基于新古典生产函数的面板数据计量模型结果显示，全国总体平均回弹效应为53%，西部地区的能源回弹效应最大，东部最小；黄纯灿（2011）、薛澜等（2011）、查冬兰等（2012）对回弹效应的相关研究进行了梳理；查冬兰等（2010）通过构建能源效率影响下的七部门CGE模型，模拟得到能源效率提高4%对煤炭、石油和电力的平均回弹效应分别为321.17%、331.06%和321.28%；白竹岚等（2011）采用完全分解模型对上海的回弹效应进行实证研究，发现无论是技术效应还是结构效应，影响能源消耗量增长的主要因素是规模效应，且其作用远远大于能源效率提高所带来的能源消耗量减少的影响；阳攀登等（2010）、赵厚川等（2012）分别对浙江省和川渝地区的技术进步所致的能源回弹效应进行了实证研究。冯烽等（2012）构建了三要素经济增长的空间误差模型，在此基础上给出了回弹效应的估算方法，并利用1995—2010年省际面板数据对中国技术溢出视角下技术进步对能源消耗的回弹效应进行了实证分析。结果表明，技术进步所导致的能源回弹效应显著存在，中、西部的平均回弹效应明显高于东部,全国的平均回弹效应呈现上升趋势。邵帅等(2013)基于"干中学"思想构建了能源回弹效应的理论模型,并利用时变参数状态空间模型测算了中国宏观经济层面的长短期回弹效应,发现在能源效率内生化条件下,CD 生产函数对于研究回弹效应具有足够的灵活性和解释力;改革开放前回弹效应总体上表现为逆反效应,而改革开放后则表现为部分回弹效应,且呈曲折下降趋势。胡秋阳(2014)利用 CGE 模型模拟分析了改善高能耗产业或低能耗产业的能源效率对中国总体能耗的可能影响,并比较了其影响方式的差异。发现提高能效可降低成本从而促进能效提高产业的产出增长,因此尽管其能耗量有所下降但其中有产出增长带动下的能耗回弹,并在高能耗产业上更为明显。

表 2—1　　　　外文文献有关回弹效应的实证研究结果

文献	样本国家	部门	回弹效应大小
Dolthitt 和 Robin（1986）	加拿大	家庭（室内取暖）	短期0%—17%；长期35%—60%
Schwarz 和 Taylor（1995）	美国	家庭（室内取暖）	长期1.4%—3.4%
Nesbakken（2001）	挪威	家庭（室内取暖）	平均21%
Guertin 等（2003）	加拿大	家庭（室内取暖）	长期29%—47%
Brännlund 等（2007）	瑞士	家庭（室内取暖）	5%
Yu 等（2013）	中国	家庭（空调、洗衣机、微波炉、汽车）	33.61%—106.81%
Lin 和 Liu（2013）	中国	家庭用电	165.22%
Hausman（1979）	美国	家庭（室内冷气）	短期4%；长期26.5%
Dubin 和 Chandran（1986）	美国	家庭（室内冷气）	1%—26%
Jin（2007）	韩国	家庭（室内冷气）	57%—70%
Johansson 和 Schipper（1997）	OECD国家	私人交通	长期5%—55%
West（2004）	美国	私人交通	短期87%
Dargay（2007）	英国	私人交通	短期10%；长期14%

续表

文献	样本国家	部门	回弹效应大小
Small 和 Dender（2007）	美国	私人交通	短期4.5%；长期22.2%
Sorrell 和 Dimitropoulos（2007）	英国	私人交通	短期20%；长期80%
Frondel 等（2008）	德国	私人交通	长期56%—66%
Hymel 等（2010）	美国	私人交通	短期4.7%；长期24.1%
Matiaske 等（2012）	德国	私人交通	非线性回弹
Wang 等（2012）	中国	民用交通	0%—50%
Lin 和 Liu（2013）	中国	私人交通	107.2%
Mizobuchi（2008）	日本	其他家用终端能耗	27%
Lin 等（2013）	中国	其他家用终端能耗	22%
Bentzen（2004）	美国	制造业	24%
Anson 和 Turner（2009）	英国	运输业	5%
Matos 和 Silva（2011）	葡萄牙	陆地运输	24.1%
Semboja（1994）	肯尼亚	宏观经济	170%—350%
Glomsrød 和 Taoyuan（2005）	中国	宏观经济	大于100%
Hanley 等（2006）	苏格兰	宏观经济	120%
Allan 等（2007）	英国	宏观经济	30%—50%
Lin 和 Liu（2012）	中国	宏观经济	平均53.2%

资料来源：笔者根据相关文献整理。

回弹效应的存在性已被学术界广泛接受，但是对于回弹效应所可能达到的程度却分歧较大，回弹效应实证结果差异较大的主要原因是具体实证对象、回弹效应的定义及来源、模型方法的不同。因此，学术界对于回弹效应的争论主要集中在回弹效应的来源以及回弹效应所可能达到的程度，一些学者认为回弹效应值低于100%（Small 和 Dender，2007；Frondel 等，2008；Freire-González，2011），另一些学者则认为回弹效应值会大于100%，即认为技术进步将最终导致能源消耗的增加（Semboja，1994；Glomsrød 和 Taoyuan，2005；Hanley 等，2006）。

第四节 文献评述

上述研究为系统研究中国能源回弹效应问题提供了良好的基础。从回弹效应的理论研究看，目前关于回弹效应形成机理的理论研究还比较匮乏，且已有回弹效应的理论研究多属于思辨性的理论分析或使用图示法进行分析，对回弹效应的形成机理还缺乏一个有解释力的数理分析框架。

从回弹效应的研究方法来看，既有关于回弹效应的测算方法主要有四类：一是通过估计能源与资本的替代弹性进行研究（Stern，2004；Jin，2007；Matos 和 Silva，2011），其优点是考虑了价格的因素，但忽略了间接回弹效应；二是通过构建投入产出模型或可计算一般均衡（CGE）模型进行模拟（Li 等，2013；Turner，2009；Hanley 等，2006；Anson 和 Turner，2009），其优点在于可以模拟能源效率提高对整体经济的影响，缺点是需要计算社会核算矩阵并加以平衡调整；三是通过宏观经济模型进行估计（Barker 等，2007；Junankar 等，2007；Lin 和 Liu，2013），这类方法类似于 CGE 模型，但需要对宏观经济模型的参数进行估计；四是通过能源消耗与经济增长的计量关系进行估算（Sartori 和 Hestnes，2007；Freire-González，2011；Li 和 Han，2012；Lin 和 Liu，2012），其优点是经济含义直观并易于分析，但这类经验研究所需的样本量较大。上述四类测算方法中，通过能源消耗与经济增长的计量关系及相应的能源产出弹性测算回弹效应的方法因无须能源使用效率数据且具有直观经济含义而越来越被广泛应用，然而，这种基于经济增长计量模型的测算效果受到模型稳健性的影响。目前，已有技术进步对能源回弹效应的研究基本忽略了地区经济间的技术溢出对能源回弹效应的影响，导致研究结果不够完整、科学，缺乏应有的解释力，难以客观描述中国各省区回弹效应的动态变化。

因此，本研究在传统测算技术进步对经济增长贡献率的索罗余值法的基础上，构建空间滞后模型测算技术因素（含技术溢出与纯技术进步）对经济增长的贡献，进而推导出技术溢出视角下技术进步对能源回弹效应的测算方法，并以中国省际面板数据对经济增长过程中的回弹效应进行实证研究，为中国节能降耗的宏观能源调控政策提供科学参考。

第三章

中国能源消耗、二氧化碳排放量的统计分析及 EKC 假说的实证

作为国民经济的命脉，能源消耗在推动经济增长的同时也导致了二氧化碳排放的产生，政府间气候变化专门委员会（Intergovernmental Panel on Climate Change，IPCC）第四次评估报告指出，大气中人为温室气体浓度的增加是导致全球变暖的重要原因，并且将对自然环境产生突变或不可逆的影响（IPCC，2007）。国际能源署（International Energy Agency，IEA）也发出警告，人类过度依赖于化石燃料所排放的大量二氧化碳将会对气候变化和能源安全带来令人担忧的后果。作为世界经济崛起的新巨人，在过去的三十多年里，中国经济以惊人的速度增长，超过了其他大国的经济增长速度，这极大地推动了中国的能源需求，而且其能源进口占能源需求的比重也随之增长（IPCC，2007）。所有国家都面临的挑战是，如何在不削弱经济和社会发展的前提下走上一条更为安全、可持续发展的能源道路。这个挑战对于正处在工业化和城市化关键发展阶段的中国显得更为棘手，也格外重要。

本章对中国的能源消耗、二氧化碳排放量进行统计分析，以获得中国能源消耗和环境压力的概况，进而从环境库兹涅茨曲线假说出发，对中国二氧化碳排放与经济增长的演化关系进行科学分析，

对中国二氧化碳环境库兹涅茨曲线的存在性采用灵活稳健的半参数面板数据模型进行实证研究，旨在检验中国经济增长与碳排放是否实现脱钩发展。

第一节 能源消耗概况

一 国际比较分析

中国能源消耗总量在世界能源消耗总量中所占的比重不断提高，从1980年的6.10%增长至2010年的19.76%，增长幅度达2.24倍，并于2010年超越美国成为世界能源消耗的第一大国。同属亚洲发展中国家的印度，凭着近年来强劲的经济发展势头带动了该国对能源需求的迅猛增长，所占比重从1980年的1.42%增长至2010年的4.29%，增长幅度达2.02倍，并于2009年超越日本，成为又一个新的能源消耗中心。而日本凭借其先进的节能技术和节能环保意识的国民化使得该国的节能减排始终处于世界先进水平，其一次能源消耗总量占世界一次能源消耗总量的比重在2001—2010年持续下降，从1980年的5.36%逐年下降至2010年的4.26%。韩国的一次能源消耗总量占世界一次能源消耗总量的比重在过去的十年里基本维持在2%的稳定水平。

图3—1是中国1980—2016年一次能源消耗总量的时间序列图，可以看出在过去三十多年里中国的一次能源消耗总量总体上呈现增长态势，其中1980—2001年增长较为平缓，年均增长率仅为4.38%，特别的是1997—1999年，由于受亚洲金融危机的影响，国内外需求的骤减使得制造业遭受到了极大冲击，因此这一期间一次能源消耗总量不升反降。然而，2002年以后，随着中国整体经济进入重工业化阶段，一次能源消耗总量从2002年的48.89 Qbtu[①]迅

---

① Qbtu：千万亿英热单位。

猛增长至 2016 年的 136.08Qbtu，一次能源消耗总量年均增长率为 6.15%。

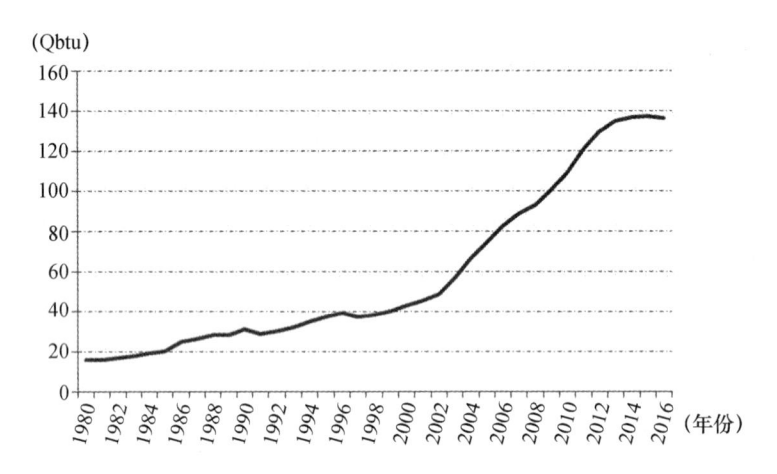

图 3—1　中国一次能源消耗总量时间序列图

资料来源：美国能源署官方网站（http://www.eia.gov）。

从单位 GDP 的一次能源消耗量来看（如 3—2 所示）中国的能源效率不断改善，单位 GDP（2011 年美元不变价）的一次能源消耗量从 1990 年 21.17 兆焦耳/美元下降至 2015 年 6.69 兆焦耳/美元，年均下降 4.5%。尽管中国的单位 GDP 能耗仍然高于日本、美国、韩国等发达国家，但能源效率与日本、美国、韩国的差距正在逐步缩小。得益于能源效率的不断改善，中国的单位 GDP 二氧化碳排放量也在逐步下降，但仍高于日本、美国、韩国的单位 GDP 二氧化碳排放量，也高于发展中国家印度的单位 GDP 二氧化碳排放量。

值得注意的是，尽管中国的一次能源消耗总量、二氧化碳排放量高居世界首位，但是中国的人均一次能源消耗量和人均二氧化碳排放量却远低于美国和日本等国家，2014 年中国的人均二氧化碳排放量不足美国的一半，如图 3—4 所示。其主要原因是美国已经实

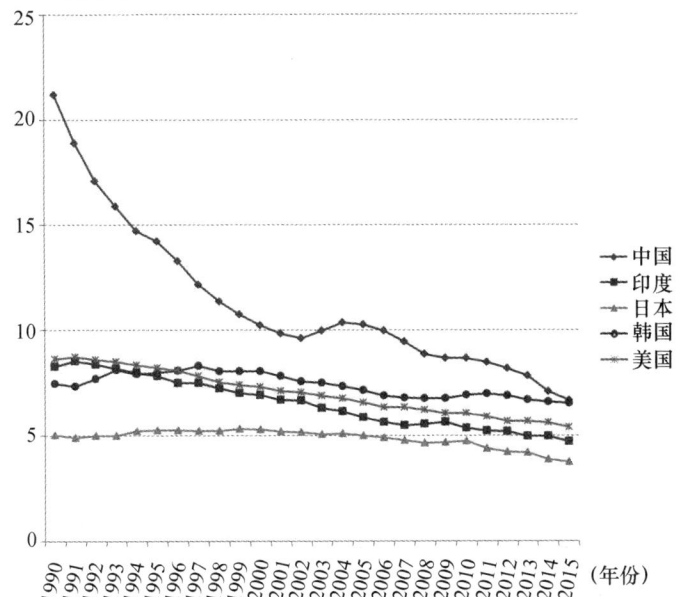

图3—2 中国、印度、日本、韩国、美国单位GDP（2011年美元不变价）一次能源消耗量的时序图

资料来源：世界银行数据库（https://data.worldbank.org.cn/）。

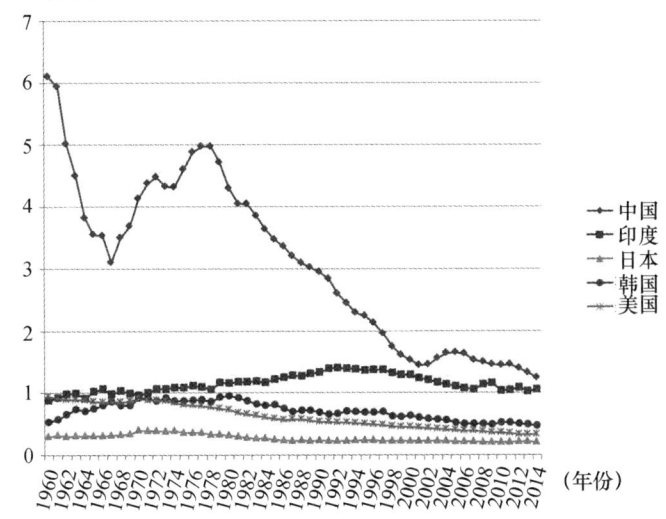

图3—3 中国、印度、日本、韩国、美国单位GDP（2010年美元不变价）二氧化碳排放量的时序图

资料来源：世界银行数据库（https://data.worldbank.org.cn/）。

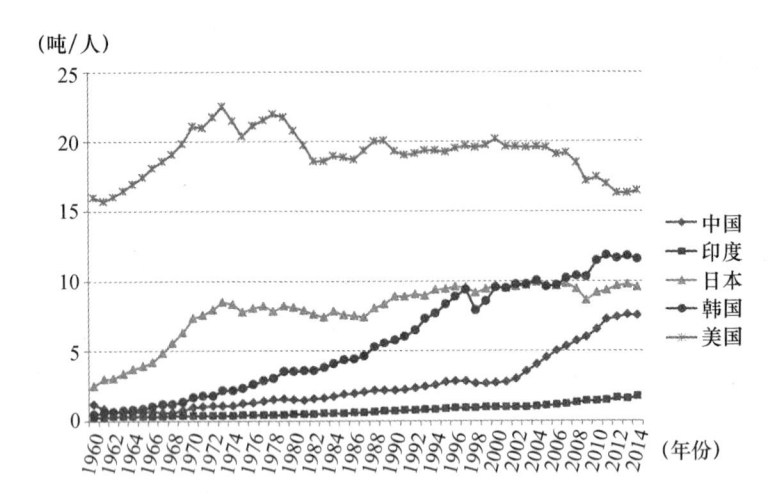

图3—4 中国、印度、日本、韩国、美国人均二氧化碳排放量的时序图

资料来源：世界银行数据库（https://data.worldbank.org.cn/）。

现了工业化和现代化，而中国尚处于重工业化阶段。美国的能源消耗主要来自运输业、居民生活能耗和建筑业等，美国工业能源消耗占社会总能源消耗的比重仅为30%，不足中国工业能源消耗占社会总能源消耗比重的一半。从可再生能源占能源消耗总量的比重看，中国的可再生能源占能源消耗总量的比重高于日本、韩国、美国，但低于印度（如图3—5所示）。

二 东、中、西部三大区域比较分析

从能源消耗总量的区域①比较看（如图3—6所示），东部作为中国经济发展的前沿区域，其能源消耗总量始终高于中、西部。东部能源消耗量从1995年的60549万吨标准煤，增长到2011年的

---

① 东、中、西部的划分参考了《中国统计年鉴》，东部地区包括：北京、天津、河北、辽宁、上海、江苏、浙江、福建、山东、广东和海南11个省（直辖市）；中部地区包括：山西、吉林、黑龙江、安徽、江西、河南、湖北、湖南8个省；西部地区包括：四川（与重庆数据合并）、贵州、云南、陕西、甘肃、青海、新疆、广西、内蒙古、宁夏10个省（自治区）。

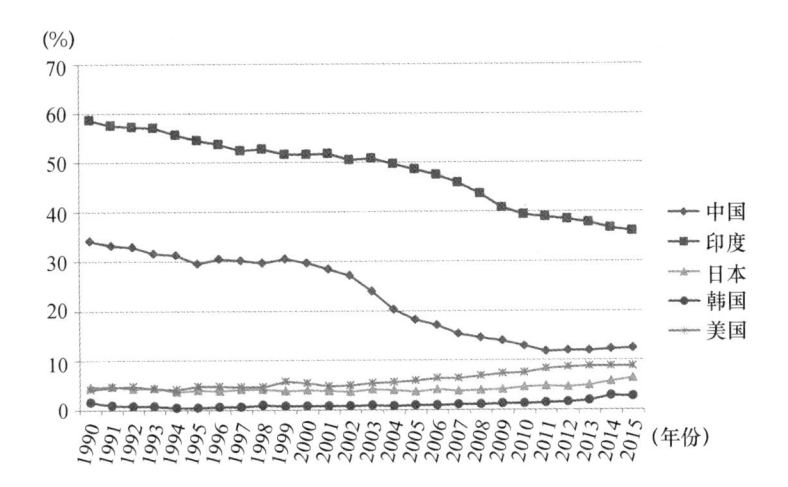

图 3—5　中国、印度、日本、韩国、美国可再生能源占总能源消耗比重的时序图

资料来源：世界银行数据库（https://data.worldbank.org.cn/）。

201355万吨标准煤，年均增速为7.79%；中部能源消耗总量从1995年的42597万吨标准煤，增长到2011年的112837万吨标准煤，年均增速为6.27%；西部能源消耗总量从1995年的30514万吨标准煤，增长到2011年的108113万吨标准煤，年均增速为8.22%。从能源消耗总量看，东部最大，中部次之，西部最小；但

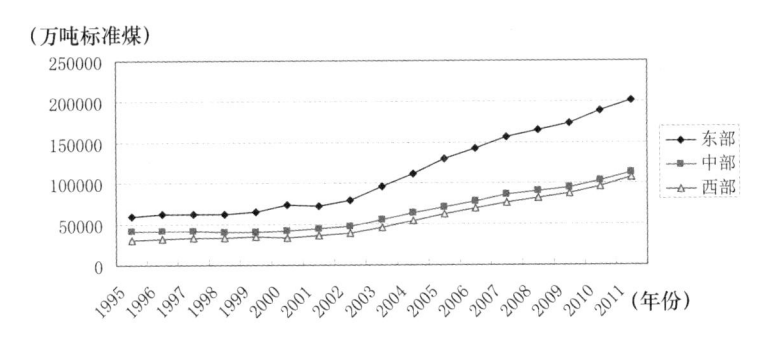

图 3—6　东、中、西部三大区域能源消耗总量时序图

资料来源：历年《中国能源统计年鉴》。

从能源消耗总量的增长速度看，西部增长最快，东部次之，中部再次，三大区域在 2002 年以后均呈现较快的增长速度，并且东、西部的能源消耗总量的差距有扩大的趋势。

三 省际比较分析

从能源消耗量看（见表 3—1 至表 3—3），能源消耗量较大的省区主要集中在东部，以 2011 年为例，山东的能源消耗量高达 37132 万吨标准煤，高居全国首位；河北以 29498 万吨标准煤位居其后；全国共有 7 个省的能源消耗量超过 20000 万吨，分别是东部的山东（37132 万吨）、河北（29498 万吨）、广东（28480 万吨）、江苏（27589 万吨）、辽宁（22712 万吨），中部的河南（23062 万吨），西部的四川（含重庆）（28488 万吨）。省区间的能源消耗量差距较大，能源消耗第一大省山东的能源消耗量是同属东部地区的海南（1601 万吨）能源消耗量的 23.19 倍。而中部地区能源消耗量差距相对较小。

表 3—1　　　　　　东部地区主要年份能源消耗量　　　单位：万吨标准煤

	1995 年	2000 年	2005 年	2007 年	2009 年	2011 年	年均增速
北京	3518	4144	5522	6285	6570	6995	4.39%
天津	2569	2794	4085	4943	5874	7598	7.01%
河北	8990	11196	19836	23585	25419	29498	7.71%
辽宁	9671	10656	13611	16544	19112	22712	5.48%
上海	4466	5499	8225	9670	10367	11270	5.96%
江苏	8047	8612	17167	20948	23709	27589	8.00%
浙江	4580	6560	12032	14524	15567	17827	8.86%
福建	2280	3463	6142	7587	8916	10653	10.12%
山东	8780	11362	24162	29177	32420	37132	9.43%
广东	7345	9448	17921	22217	24654	28480	8.84%
海南	303	480	822	1057	1233	1601	10.97%

资料来源：历年《中国能源统计年鉴》。

表3—2　　　　　中部地区主要年份能源消耗量　　　单位：万吨标准煤

	1995年	2000年	2005年	2007年	2009年	2011年	年均增速
山西	8413	6728	12750	15601	15576	18315	4.98%
吉林	4109	3766	5315	6557	7698	9103	5.10%
黑龙江	5935	6166	8050	9377	10467	12119	4.56%
安徽	4194	4879	6506	7739	8896	10570	5.95%
江西	2392	2505	4286	5053	5813	6928	6.87%
河南	6473	7919	14625	17838	19751	23062	8.27%
湖北	5655	6269	10082	12143	13708	16579	6.95%
湖南	5426	4071	9709	11629	13331	16161	7.06%

资料来源：历年《中国能源统计年鉴》。

表3—3　　　　　西部地区主要年份能源消耗量　　　单位：万吨标准煤

	1995年	2000年	2005年	2007年	2009年	2011年	年均增速
内蒙古	2632	3549	9666	12777	15344	18737	13.05%
广西	2384	2669	4869	5997	7075	8591	8.34%
四川	9524	8945	16759	20161	23351	28488	7.09%
贵州	3183	4279	5641	6800	7566	9068	6.76%
云南	2641	3468	6024	7133	8032	9540	8.36%
陕西	3134	2731	5571	6775	8044	9761	7.36%
甘肃	2738	3012	4368	5109	5482	6496	5.55%
青海	688	897	1670	2095	2348	3189	10.06%
宁夏	759	1179	2536	3077	3388	4316	11.47%
新疆	2830	3328	5506	6576	7526	9927	8.16%

资料来源：历年《中国能源统计年鉴》。

而从能源消耗增长速度看，1995—2011年，年均能源消耗增长速度超过10%的省区共有5个，依次是内蒙古（13.05%）、宁夏（11.47%）、海南（10.97%）、福建（10.12%）、青海（10.06%），可见，能源消耗量增长速度较快的主要是西部地区；年均能源消耗增长速度在8%—10%的省区共有8个，依次是山东（9.43%）、浙江（8.86%）、广东（8.84%）、云南（8.36%）、广西（8.34%）、河南（8.27%）、新疆（8.16%）、江苏（8.00%）；年均能源消耗增长速度低于6%的省市主要有东部的北京（4.39%）、辽宁（5.48%）、上海（5.96%）与中部的黑龙江（4.56%）、山西（4.98%）、吉林（5.10%）、安徽（5.95%）和西部的甘肃（5.55%）。

由上分析可知，中国的能源消耗量在省区之间存在较大的差异，虽然能源消耗量较大的省区主要集中在东部地区，但是能源消耗量增速较快的省区却主要集中在西部地区。

第二节 二氧化碳排放量概况

一 国际比较

从二氧化碳排放总量来看（如图3—7所示），中国二氧化碳排放总量增长势头较快，由1980年的1448百万吨逐年增长到2011年的8715百万吨，年均增长速度为8.92%，2002年以后的增长速度较2002年之前的增长速度快，并于2007年以6326百万吨的高排放量超越美国成为第一大碳排放国。美国、日本在这一期间的二氧化

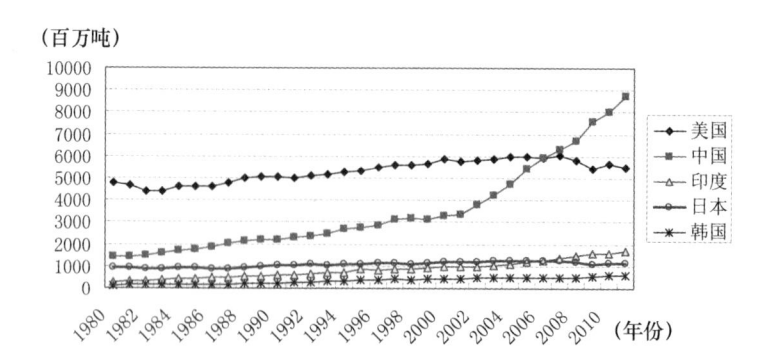

图3—7 美国、中国、印度、日本、韩国的二氧化碳排放量时序图

资料来源：美国能源署官方网站（http://www.eia.gov）。

碳排放量变化不大，同为发展中国家的印度则从1980年的291百万吨增长到2011年的1725百万吨，尽管其二氧化碳排放量远低于中国和美国，但是从增长速度来看，其年均增长速度为8.84%，与中国仅在伯仲之间。

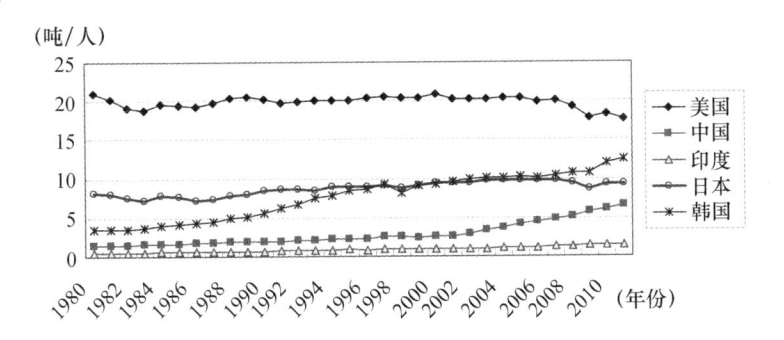

图3—8 美国、中国、印度、日本、韩国的人均二氧化碳排放量时序图

资料来源：美国能源署官方网站（http://www.eia.gov）。

但是，从人均二氧化碳排放总量来看（如图3—8所示），美国的人均二氧化碳排放量最高，大多数年份高达20吨/人；日本、韩国的人均二氧化碳排放量位居美国之后。日本在1980—2011年基本维持在9吨/人的二氧化碳排放水平，而韩国则在2001年以后超过了日本，其2011年的人均二氧化碳排放量为12.53吨/人。中国和印度则由于尚未全面实现现代化及农村人口比重较大的原因，人均二氧化碳排放量分列第四和第五。而从人均二氧化碳排放量的增长速度看，在这一期间，中国和印度的人均二氧化碳排放量年增长速度最高，分别为7.34%和6.01%，韩国年增长速度为6.32%，日本为0.63%，只有美国实现了负增长，其年增长速度为−0.83%。

二 省区二氧化碳排放量的估算方法

研究环境压力的经济发展问题，特别是为了对中国二氧化碳排放量进行省区之间的比较，需要先估算二氧化碳排放量，由于没有官方公布的各省区二氧化碳排放量的统计数据，所以只能基于已有的其他统计指标进行测算。本研究根据各省区能源平衡表中各种能源的消耗量及相应能源的折算标准煤系数来估算各省区的能源消耗量。

按照《中国能源统计年鉴》的分类，本研究统计的20种能源包括煤品、油品、气品三大类的17种含碳能源[①]及热力、电力和其他能源。能源折算标准煤系数、各省区历年各种能源的消耗量的来自相应年份的《中国能源统计年鉴》的分地区能源平衡表。

需要说明的是，西藏因数据完全缺失予以剔除，重庆于1997年从四川分离出来成为直辖市，故将重庆与四川的数据进行合并。此外，海南2002年、宁夏2000—2002年所缺失的数据用插值法补全。

IPCC（2006）指出，除了能源消耗可以导致二氧化碳排放以外，水泥等工业品的生产过程也会产生较多的二氧化碳排放，因此，本研究在IPCC（2006）的方法基础上增加水泥生产过程中所产生的二氧化碳对各省区的二氧化碳排放量进行估算，省区 i 在时期 t 的二氧化碳排放量计算公式为：

$$EC_{it} = \sum_{j=1}^{s} (e_{it}^{(j)} \cdot p^{(j)} \cdot C_0 \cdot C^{(j)}) + Q \cdot C_{cement} \qquad (3—1)$$

式（3—1）中，EC_{it} 为省区 i 在时期 t 的二氧化碳排放量，s 为消耗的能源品种数，$e_{it}^{(j)}$ 为省区 i 在时期 t 的第 j 种能源终端消耗实物量，$p^{(j)}$ 为第 j 种能源的折算标准煤系数（按能源热值等价值折算），C_0 为标准煤热值，$C^{(j)}$ 为能源 j 的二氧化碳排放因子，Q 为水泥生产

[①] 这20种细分能源包括：原煤、洗精煤、其他洗煤、型煤、焦炭、焦炉煤气、其他煤气、原油、汽油、煤油、柴油、燃料油、液化石油气、炼厂干气、天然气、其他石油制品、其他焦化产品、热力、电力、其他能源。

量，C_{cement}为水泥的二氧化碳排放系数。各能源二氧化碳排放因子、标准煤热值、水泥的二氧化碳排放系数均来自IPCC（2006）。

三 东、中、西部三大区域比较分析

从二氧化碳排放量的区域比较看（如图3—9所示），东部是二氧化碳排放的第一大区域，该区域二氧化碳排放量从1995年的102838万吨逐年增加至2011年的282819万吨；中部是二氧化碳排放的第二大区域，该区域二氧化碳排放量从1995年的72214万吨逐年增加至2011年的181976万吨；西部是二氧化碳排放的第三大区域，该区域二氧化碳排放量从1995年的52407万吨逐年增加至2011年的164744万吨。然而，从二氧化碳排放量的年均增长速度看，则是西部最高，东部次之，西部最低，分别为7.42%、6.52%、5.94%。

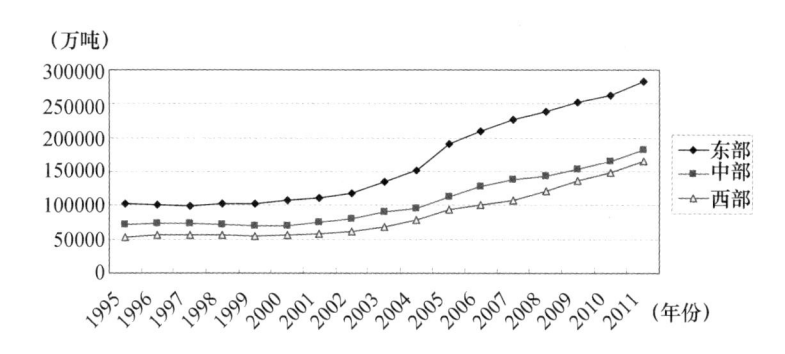

图3—9 东、中、西部三大区域二氧化碳排放量时序图

资料来源：由历年《中国能源统计年鉴》相关数据统计得到。

四 省际比较分析

从二氧化碳排放量看（见表3—4至表3—6），二氧化碳排放量较大的省区主要集中在东部，以2011年为例，河北的二氧化碳排放量高达55199万吨，高居全国首位；山东以55101万吨位居其

后；全国共有 12 个省区能源消耗量超过 20000 万吨，分别是东部的河北（55199 万吨）、山东（55101 万吨）、江苏（36852 万吨）、广东（33039 万吨）、辽宁（32182 万吨）、浙江（21027 万吨），中部的河南（36296 万吨）、湖北（33015 万吨）、山西（25455 万吨）、湖南（23501 万吨），西部的四川（含重庆）（43467 万吨）、内蒙古（27485 万吨）。省区间的二氧化碳排放量差距较大，二氧化碳排放量第一大省河北的二氧化碳排放量是同属东部地区的海南（3187 万吨）二氧化碳排放量的 17.32 倍。而中部地区省区间二氧化碳排放量差距相对较小。

而从二氧化碳排放量增长速度看，1995—2011 年，年均二氧化碳排放量增长速度超过 10% 的省区共有 3 个，依次是海南（13.49%）、内蒙古（11.63%）、宁夏（10.91%）；年均二氧化碳排放量增长速度在 7%—10% 的省区共有 10 个，依次是福建（9.46%）、山东（8.57%）、青海（8.35%）、云南（8.07%）、河南（7.41%）、河北（7.34%）、湖北（7.14%）、广西（7.11%）、陕西（7.04%）、四川（含重庆）（7.02%）；年均二氧化碳排放量增长速度低于 5% 的省市主要有东部的北京（1.82%）、天津（4.29%）、上海（4.67%）与中部的黑龙江（4.37%）和西部的甘肃（4.20%）。

由上分析可知，中国的二氧化碳排放量在省区之间存在较大的差异，虽然二氧化碳排放量较大的省区主要集中在东部地区，但是二氧化碳排放量增速较快的省区却主要集中在西部地区。

表3—4　　　　　东部地区主要年份二氧化碳排放量　　　　　单位：万吨

	1995 年	2000 年	2005 年	2007 年	2009 年	2011 年	年均增速
北京	5751	6227	7544	8507	8245	7672	1.82%
天津	4460	4457	5635	6928	8123	8729	4.29%
河北	17770	17778	35377	40442	45812	55199	7.34%
辽宁	14559	13899	16568	21843	25291	32182	5.08%

续表

	1995 年	2000 年	2005 年	2007 年	2009 年	2011 年	年均增速
上海	6530	7954	11207	13706	14258	13549	4.67%
江苏	14304	12939	24612	28999	33235	36852	6.09%
浙江	8131	9036	16774	18766	19352	21027	6.12%
福建	3835	4542	9847	11832	14185	16282	9.46%
山东	14789	15524	40599	45673	50065	55101	8.57%
广东	12289	13578	22274	27810	32128	33039	6.38%
海南	421	779	1236	1655	2197	3187	13.49%

资料来源：笔者自制。

表 3—5　　　　中部地区主要年份二氧化碳排放量　　　　单位：万吨

	1995 年	2000 年	2005 年	2007 年	2009 年	2011 年	年均增速
山西	11224	11177	17656	20541	23329	25455	5.25%
吉林	7197	5850	9706	12503	13118	16023	5.13%
黑龙江	7616	7377	8689	11226	11991	15087	4.37%
安徽	8150	10151	11665	14502	16199	19669	5.66%
江西	4843	4059	6958	9079	10465	12931	6.33%
河南	11562	11843	23258	29664	31985	36296	7.41%
湖北	10954	12475	17267	21111	25351	33015	7.14%
湖南	10668	6903	17674	20277	21518	23501	5.06%

资料来源：笔者自制。

表 3—6　　　　西部地区主要年份二氧化碳排放量　　　　单位：万吨

	1995 年	2000 年	2005 年	2007 年	2009 年	2011 年	年均增速
内蒙古	4726	5796	13341	14817	21656	27485	11.63%
广西	5089	5149	7804	10663	12708	15280	7.11%
四川（含重庆）	14679	16493	21556	26146	36797	43467	7.02%
贵州	6052	7024	11140	11604	12131	14670	5.69%
云南	4770	4907	11272	12385	14716	16521	8.07%
陕西	5793	4060	9291	10144	13476	17209	7.04%

续表

	1995年	2000年	2005年	2007年	2009年	2011年	年均增速
甘肃	4413	4410	6189	6804	7260	8527	4.20%
青海	842	1014	1529	2058	2750	3038	8.35%
宁夏	977	1621	3244	3206	4273	5121	10.91%
新疆	5065	5301	7545	8952	10737	13426	6.28%

资料来源：笔者自制。

第三节　中国 EKC 假说的实证

一　分析框架与计量模型

随着人类工业化进程的逐步推进及能源紧缺、环境污染的日益严重，自 20 世纪 90 年代起，环境经济学家开始对环境压力随经济增长的演化轨迹产生了兴趣，ECC 倒"U"形假说（以下简称 EKC 假说）引起了国内外学者的共同关注。通过 EKC 存在性的研究可以审察环境压力随经济增长的演变过程，进而回答当前经济是否实现了与碳排放（或能源消耗）的脱钩发展。

EKC 假说认为，在经济发展初期环境质量将随着经济的增长而下降，直到经济发展超越了某一临界值点，经济的发展将有利于环境的改善（Grossman 和 Krueger，1994）。不少学者对中国的经济发展与环境压力是否满足倒"U"形假说进行了大量有益的实证研究。纵观现有文献还存在着以下局限：一是从使用的计量方法来看，已有文献所采用的模型均属于参数分析方法，由于参数计量模型中变量间的关系需要事先设定，因此主观设定环境污染排放量为人均 GDP（或人均收入）的二次或三次函数关系容易造成模型设定及参数估计的偏误。二是从数据的预处理看，有些文献以变量的原始数据进行分析，还有些文献则对数据进行对数变换后再做分析；显然，模型系数的经济含义、EKC 形状及结果的分析都会因数据取对数与否而有所不同，对于具体的地区，其经济增长与环境压力间的形状关系是客观存在的，不应当因数据是否进行了对数变换而发生改变。三是从考虑的因素看，大部分文献只考虑了环境压力与经济增长二者之间的关系，忽略了其他因素对环境压力的影响，所得结果无法同时反映经济增长外的其他因素（如产业结构调整等）对环境压力所产生的影响。

近十多年来，半参数计量模型因其既可避免参数模型可能的设定错误又可克服非参数模型的"维数诅咒"问题受到了学者们的广泛关注（Härdle 等，2000；叶阿忠，2008）。然而，由于尚未有计量软件可直接进行模型的估计，因此，面板数据的半参数模型（Li 和 Stengos，1996）的应用研究并不多见，应用于经济发展与环境压力方面的研究更是少之又少。为克服已有研究上述局限，本研究拟在 EKC 假说的框架下，对产业结构、经济增长与二氧化碳排放量的关系建立半参数面板数据模型进行研究。这一方法既可刻画工业化过程中产业结构调整对二氧化碳排放量的边际影响，还可捕捉二氧化碳排放量与经济增长之间可能的非线性关系，所得结果将更为稳健。

本研究将传统的面板数据模型与 EKC 非参数面板数据模型 Azomahou 等（2006）结合起来，建立如下的 EKC 半参数面板数据模型：

$$y_{it} = \beta x_{it} + g(z_{it}) + \mu_i + \varepsilon_{it}, i = 1, \cdots, N; t = 1, \cdots, T \quad (3—2)$$

式（3—2）中，y_{it}、x_{it}、z_{it} 分别为省区 i 在时期 t 的人均 CO_2 排放量、第二产业产值占 GDP 的比重、人均实际 GDP；μ_i 为省区 i 的个体效应，当 $E(\mu_i | x_{i1}, \cdots, x_{iT}, z_{i1}, \cdots, z_{iT}) = 0$ 时，式（3—2）为随机效应模型，否则为固定效应模型；ε_{it} 为期望等于 0 的随机扰动项。

式（3—2）中，β 为第二产业占 GDP 比重对人均二氧化碳排放的边际影响,可以反映在工业化过程中由于产业结构的调整对环境压力的影响;模型的非参数部分 $g(\cdot)$ 为未知的、可能非线性的光滑函数,它可以捕捉人均实际 GDP 与人均二氧化碳排放可能的非线性关系,从而可以客观描绘环境压力随经济增长演变的曲线。

二 模型的估计方法

半参数面板数据模型的估计采用(Nguyen-Van,2010)的估计方法,具体估计方法如下:

(1) 随机效应半参数面板数据模型的估计

给定 z_{it},对式(3—2)两端取条件期望,再用式(3—2)与之相减可消去非参数部分,得:

$$y_{it} - E(y_{it}|z_{it}) = \beta(x_{it} - E(x_{it}|z_{it})) + \varepsilon_{it} \quad (3\text{—}3)$$

记 $\tilde{y}_{it} = y_{it} - E(y_{it}|z_{it})$,$\tilde{x}_{it} = x_{it} - E(x_{it}|z_{it})$,在获得 $E(y_{it}|z_{it})$ 与 $E(x_{it}|z_{it})$ 的估计[①]后,便可使用最小二乘法获得参数 β 的估计 $\hat{\beta}$。进而,可得 $g(z_{it})$ 的估计为:

$$\hat{g}(z_{it}) = E[(y_{it} - \hat{\beta}x_{it})|z_{it}] = E(y_{it}|z_{it}) - \hat{\beta}E(x_{it}|z_{it}) \quad (3\text{—}4)$$

(2) 固定效应半参数面板数据模型的估计

由于固定效应模型中 $E(\mu_i|x_{i1},\cdots,x_{iT},z_{i1},\cdots,z_{iT}) \neq 0$,因此,为消去个体固定影响项 μ_i,对式(3—2)施加滞后 1 期的差分运算,得:

$$y_{it} - y_{i,t-1} = \beta(x_{it} - x_{i,t-1}) + D(z_{it},z_{i,t-1}) + \varepsilon_{it} - \varepsilon_{i,t-1} \quad (3\text{—}5)$$

式(3—5)中,$D(z_{it},z_{i,t-1}) = g(z_{it}) - g(z_{i,t-1})$。此时,式(3—5)即转化为上述随机效应的形式,只需把式(3—2)的 y_{it}、x_{it}、$g(z_{it})$ 分别换成 $y_{it} - y_{i,t-1}$、$x_{it} - x_{i,t-1}$、$D(z_{it},z_{i,t-1})$ 即可,于

---

① $E(x_{it}|z_{it})$、$E(y_{it}|z_{it})$ 采用 Epanechikov 核函数与最小二乘交错鉴定法进行最优窗宽的选择。

是，可用上述方法估计得到$\hat{\beta}$。进而，得到$\hat{D}(z_{it}, z_{i,t-1}) = E[(y_{it} - y_{i,t-1}) - \hat{\beta}(x_{it} - x_{i,t-1}) | z_{it}, z_{i,t-1}]$。

非参数部分$g(z_{it})$可据Azomahou等（2006）的方法进行估计：

$$\hat{g}(z_{it}) = \frac{1}{2}[\hat{g}^{(1)}(z_{it}) + \hat{g}^{(2)}(z_{it})] \quad (3—6)$$

式（3—6）中，$\hat{g}^{(1)}(z_{it}) = \frac{1}{N(T-1)}\sum_{j=1}^{N(T-1)}\hat{D}(z_{it}, z_j)$，$\hat{g}^{(2)}(z_{i,t-1}) = -\frac{1}{N(T-1)}\sum_{j=1}^{N(T-1)}\hat{D}(z_j, z_{i,t-1})$。

由于目前尚未有通用的半参数面板数据模型估计的计量软件包，因此，本研究的模型估计通过R软件编程实现。

三 数据及变量的描述性统计分析

本研究采用1995—2009年中国28个省（直辖市、自治区）的面板数据，西藏、宁夏因数据缺失较多予以剔除，重庆于1997年从四川分离出来成为直辖市，故将重庆与四川的数据进行合并。式（3—2）中，人均实际GDP以1995年的不变价格计算，第二产业产值占GDP的比重由第二产业产值除以GDP计算，计算所需的各地区GDP、GDP指数、年底人口数、第二产业产值来自国泰安数据库。各省二氧化碳排放量的统计数据参照IPCC（2006）的方法使用式（3—2）进行估算。

在建立恰当的计量模型进行分析之前，对中国的能源消耗、经济增长与二氧化碳排放量的现状进行描述性分析是有益的。图3—10表明，多年来全国整体上的能源消耗结构变化不大，全国的能源消耗主要还是依赖于化石燃料，其中煤炭消耗大约占据了能源消耗总量的75%，石油消耗比例有一定的下降趋势，与此同时，得益于能源技术的进步，水电、核电、风电的比重略有提升。

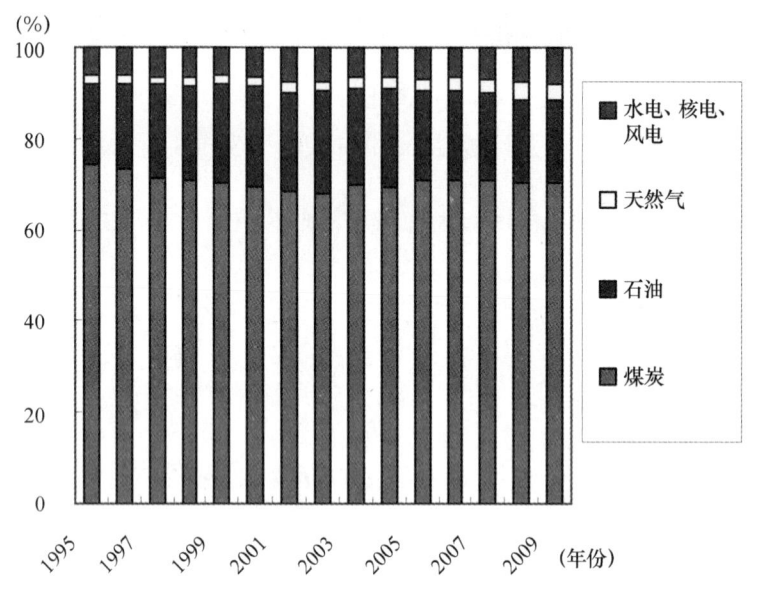

图3—10 1995—2009年全国能源消耗结构

资料来源：《中国能源统计年鉴2010》。

从区域层面对能源消耗、经济增长与二氧化碳排放量进行比较（如图3—11所示），东部的人均能源消耗明显高于中、西部，中、西部的人均能源消耗量较为接近；在经济水平方面，东、西部的经济差距明显，中、西部的经济差距不大。尽管2009年西部的人均实际GDP不足东部人均实际GDP的一半，也低于中部，但西部人均二氧化碳排放量却高于中部，这提示了西部正处于低增长、高排放的粗放式发展模式，这也说明了人均实际GDP与人均二氧化碳排放量之间并非是线性的关系。

为了直观了解并比较各地区的经济增长、产业结构、能源消耗及二氧化碳排放的情况，我们以2009年的人均实际GDP、人均能源消耗量、人均二氧化碳排放量、第二产业产值占GDP比重这四个指标作星相图。

在星相图中，以水平线为参考线，由中心点所引出的四个

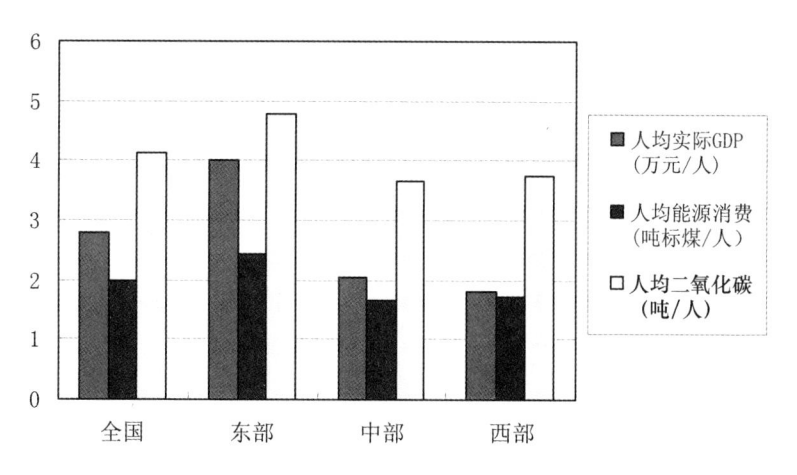

图3—11　2009年人均GDP、能源消耗、碳排放

资料来源：由《中国统计年鉴2010》《中国能源统计年鉴2010》计算所得。

象限角平分线（第一、第二、第三、第四象限角平分线分别对应于人均实际GDP、人均能源消耗、人均二氧化碳排放量、第二产业产值占GDP比重）的长度代表了该地区相应指标在样本中所处的水平，对于给定的指标，指标值越大的地区，其相应指标的射线越长，反之越短，最小指标值的地区对应的该射线长度为0。图3—12表明，各地区在经济发展、能源消耗、产业结构、二氧化碳排放这四个方面差异很大。具体而言，北京较为特殊，其经济水平最高但第二产业占GDP比重最低；上海、天津的经济增长和碳排放水平呈现为"高—高"状态；河北、山西、内蒙古、青海、新疆则同为"低—高"模式；浙江、辽宁、山东、江苏颇为相似，同为"中—低"模式；同处西部的甘肃、广西、贵州均呈现为"低—低"的状态。

上述分析表明，中国的经济增长与碳排放的关系是非线性的，并且存在地区差异性，其中，东部与中、西部的差异显著，但中、西部间的无显著差异。

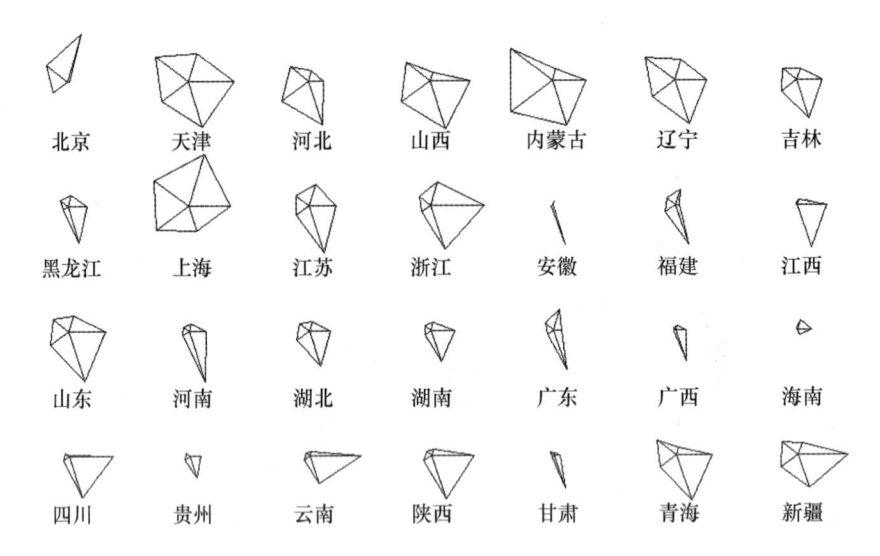

图 3—12　2009 年各地区人均 GDP、能源消耗、碳排放及产业结构星相图

资料来源：由《中国统计年鉴 2010》《中国能源统计年鉴 2010》计算所得。

四　变量的协整检验

为避免伪回归，采用 Pedroni（1999）提出的方法对各面板变量进行协整关系检验。协整分析需要以各变量均为同阶单整序列作为前提，为此，先对各面板变量序列进行面板数据的单位根检验。本研究采用 Pesaran（2007）提出的面板数据单位根检验方法，该检验方法的优点在于允许存在横截面相关。表 3—7 的检验结果显示，在 5% 的显著性水平下，不拒绝各变量序列为非平稳的原假设；而它们的一阶差分序列在 5% 的显著性水平下，均拒绝了为非平稳面板数据的原假设。这表明各变量均为同阶单整序列。

表 3—7　　　　　各面板变量序列单位根检验结果

变量		检验模型类型			PADF 统计量	PADF 临界值			P 值	结论
		C	T	P		1%	5%	10%		
Z	原序列	C	T	1	-1.696	-2.880	-2.690	-2.590	0.996	非平稳
	差分序列	C	—	0	-2.233	-2.340	-2.170	-2.070	0.007	平稳

续表

变量	检验模型类型			PADF统计量	PADF 临界值			P值	结论
	C	T	P		1%	5%	10%		
Z	原序列 C	T	1	-2.059	-2.880	-2.690	-2.590	0.983	非平稳
	差分序列 C	—	1	-2.357	-2.340	-2.170	-2.070	0.001	平稳
Y	原序列 C	T	1	-2.514	-2.880	-2.690	-2.880	0.115	非平稳
	差分序列 C	—	1	-2.337	-2.340	-2.170	-2.070	0.002	平稳

注："—"代表无趋势项。

资料来源：笔者自制。

进一步进行协整关系检验，该检验方法通过构建七个统计量来检验面板变量之间的协整关系：四个组内统计量（Panel v、Panel rho、Panel PP 与 Panel ADF）和三个组间统计量（Group rho、Group PP 与 Group ADF），检验的原假设为：变量间不存在协整关系。这七个统计量在原假设下渐进服从标准正态分布。由于目前还没有非参数、半参数面板计量模型的协整检验方法，为此，我们将式（3—2）中的 $g(z_{it})$ 取为参数形式 $g(z_{it}) = \delta_1 z_{it} + \delta_2 z_{it}^2$，再进行各变量的面板协整检验。表3—8显示，这七个统计量中有四个统计量的检验显著拒绝了原假设，即至少一部分地区各变量之间存在协整关系。

表3—8　　　　　　　各面板变量协整检验结果

检验统计量	Panel v	Panel rho	Panel PP	Panel ADF	Group rho	Group PP	Group ADF
统计量的值	-0.270 (0.780)	-0.499 (0.889)	-6.684*** (0.000)	-2.655*** (0.000)	2.826 (0.997)	-9.705*** (0.000)	-8.761*** (0.000)

资料来源：笔者自制。

五　EKC 参数面板数据模型估计及 Hausman 检验

为了进行结果的比较以及半参数面板数据模型个体效应的选

择，我们先对二氧化碳 EKC 面板数据模型进行估计，参数方程考虑了二次、三次函数两种情形，表3—9列出了估计结果与相应的 Hausman 检验结果。

表3—9　　EKC 参数面板数据模型估计结果及 Hausman 检验结果

参数模型	$y_{it}=c+\beta x_{it}+\delta_1 z_{it}+\delta_2 z_{it}^2+u_{it}$		$y_{it}=c+\beta x_{it}+\delta_1 z_{it}+\delta_2 z_{it}^2+\delta_3 z_{it}^3+u_{it}$	
个体效应	随机效应	固定效应	随机效应	固定效应
c	-3.925***	-6.121***	-3.812***	-4.834***
	(0.000)	(0.000)	(0.000)	(0.000)
β	0.0862***	0.081***	0.087***	0.091***
	(0.000)	(0.000)	(0.000)	(0.000)
δ_1	2.086	6.986***	1.109	-1.766
	(0.200)	(0.002)	(0.780)	(0.719)
δ_2	0.027	-0.812	1.311	10.320*
	(0.973)	(0.443)	(0.773)	(0.068)
δ_3	—	—	-0.436	-3.646**
			(0.772)	(0.045)
R^2	0.203	0.690	0.206	0.694
SSR	1238.041	281.534	1254.902	278.647
Hausman 检验统计量	45.398*** (0.000)		48.232*** (0.000)	

注："—"表示无三次项。

资料来源：笔者自制。

由表3—9可知，在个体效应的选择上，二次与三次函数形式的面板模型的 Hausman 检验均拒绝了个体随机效应的原假设，即应当选取个体固定效应面板数据模型，这一结果也恰好反映了中国地区间的经济发展与能源消耗差异大的客观事实。在参数函数的设定上，二次函数形式的参数模型的倒"U"形统计上并不显著，但三次函数形式的参数模型中的人均实际 GDP 的三次方项在5%的水平下是显著的，即 EKC 的形状高度依赖于参数函数形式的设定，这恰恰是参数模型的局限所在，为此，我们进一步采用相对稳健的半参数面板数据模型探讨中国二氧化碳排放量的 EKC 形状。

六　EKC 半参数面板数据模型估计结果

根据上述分析，我们考虑固定效应的 EKC 半参数面板数据模型，得到如下估计结果：

$$\hat{y}_{it} = 1.492 x_{it} + \hat{g}(z_{it}) \quad (3—7)$$

式（3—7）中，参数项系数的 P 值为 0.134，残差平方和 SSE 为 48.786。

从模型拟合的残差平方和看，相比参数模型，半参数面板模型能够显著提高模型的拟合效果，由于引入了人均实际 GDP 的非参数项，使得模型更为灵活，也增强了经济增长对人均二氧化碳排放量的解释能力，相应地，第二产业占 GDP 比重的系数变得不再显著。式（3—7）中的 $\hat{g}(z_{it})$ 刻画了经济增长对人均二氧化碳排放量的净影响，图 3—13 为估计得到的非参数部分 $\hat{g}(z_{it})$ 的散点图，它直观反映了环境压力随经济增长而变化的动态关系。

从图 3—13 可以发现，中国的人均二氧化碳排放量与经济增长的关系大体上呈现倒"U"形，即人均二氧化碳排放量先是随着人均实际 GDP 的增长而增加，在人均实际 GDP 达到 0.76 千元后，二氧化碳排放量开始随经济增长而减少，这表明了中国的二氧化碳排放量是符合 ECK 假说的。此外，倒"U"形曲线左侧的上升段相比右侧的下降段更为陡峭，这也说明了在经济发展到一定水平后，尽管能够在保证经济增长的前提下减轻环境压力，但是这一减缓的过程是渐进的甚至是曲折的。图 3—13 中的大多数点是落在倒"U"形曲线的左侧，这反映了人均实际 GDP 地区间的差异大，东、西部贫富差距明显，为此，我们进一步考察东、中、西部的 EKC。

图 3—14 为非参数分量偏导数估计值的散点图，该图从另一个

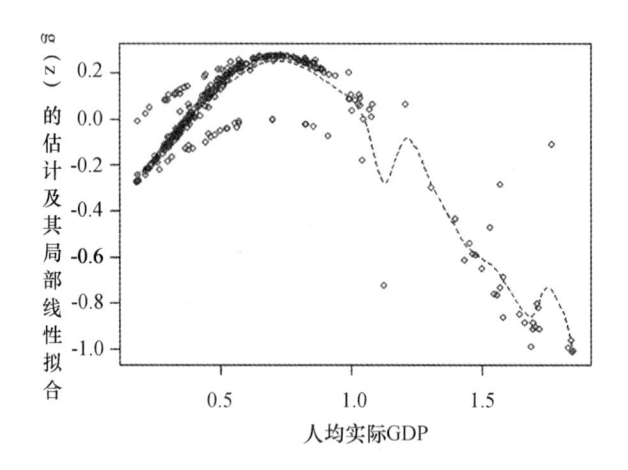

图3—13 中国的环境库兹涅茨曲线

资料来源：笔者自制。

角度反映了中国的人均二氧化碳排放量与经济增长的关系。由图3—14可知，非参数分量偏导数估计值并非是常数，而是随人均实际GDP的增加大体呈现下降的态势，在人均实际GDP为0.76千元处的非参数分量偏导数估计值为0，随后表现为负值。即中国的人均二氧化碳排放量是先随着经济增长而增长，随后人均二氧化碳排

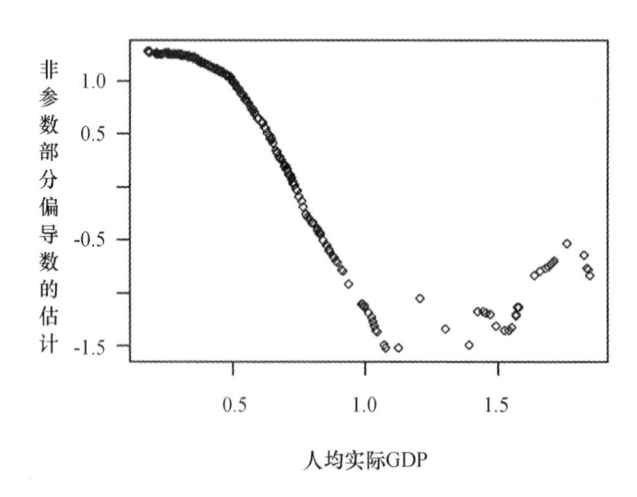

图3—14 非参数分量偏导数的散点图

资料来源：笔者自制。

放量开始随经济增长而减少,这同样表明了中国的二氧化碳排放量是符合 EKC 假说的。

图 3—15 至图 3—17 显示,1995—2009 年,只有东部实现了 EKC 由升到降的倒"U"形全过程;中部尚未实现二氧化碳排放随经济增长下降的趋势,但已经趋近于 EKC 的转折点;西部的经济增长仍然处于以高排放为代价的发展阶段,没有证据表明 EKC 的存在。

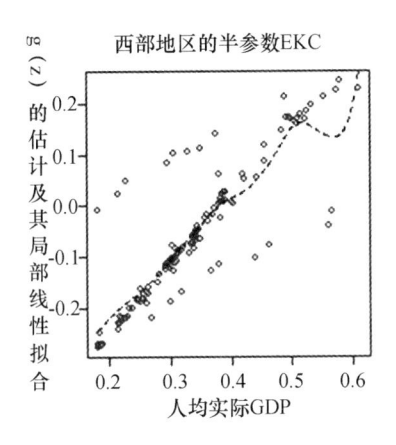

图 3—15 西部地区 CO_2 量排放与经济增长曲线

资料来源:笔者自制。

图 3—16 中部地区 CO_2 量排放与经济增长曲线

资料来源:笔者自制。

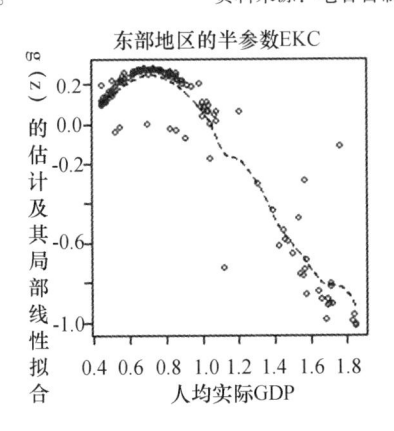

图 3—17 东部地区 CO_2 量排放与经济增长曲线

资料来源:笔者自制。

图3—18展现了中国28个省（直辖市、自治区）CO_2排放量与经济增长之间的关系，虽然每一个省区只有15个样本点以至于相应的非参数局部线性回归拟合曲线的可靠度不高，但是其中的散点图对于我们了解该省区的经济发展与环境压力的演变关系仍颇具意义。

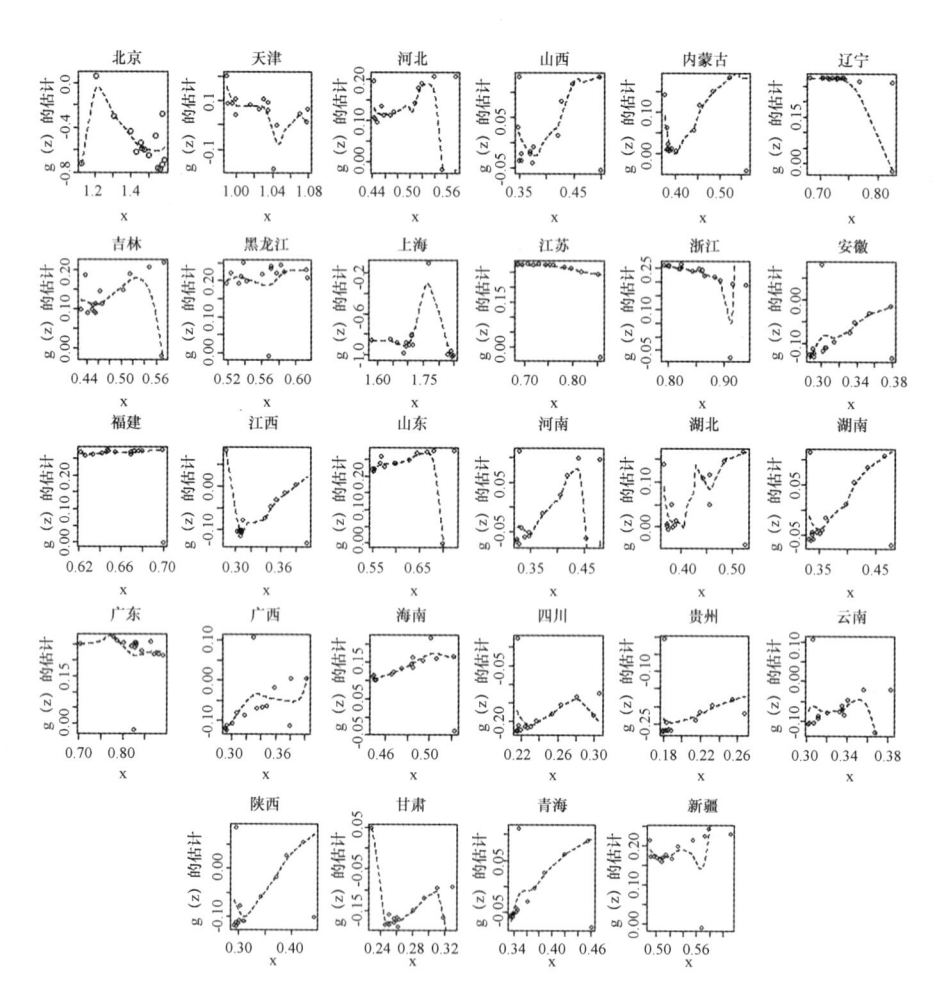

图3—18 中国28个省（直辖市、自治区）的CO_2排放量与经济增长曲线
资料来源：笔者自制。

对图3—18做进一步的分析：（1）东部的北京、上海的发展轨迹基本上符合EKC假说，这是因为北京、上海分别作为中国的政治和金融中心具有优越的经济基础,并且第二产业占地区 GDP 比重自 1995 年起逐年下降,用于工业生产的化石燃料人均消费也逐年下降,基本实现了经济增长与节能减排的脱钩发展。(2)东部的辽宁、浙江、江苏、广东、福建、天津的人均碳排放量稳中有降,这主要得益于它们良好的经济基础以及产业结构、能源消耗结构的优化升级。(3)东部的海南、河北、山东表现为环境压力随经济增长而增大的态势,其原因是:自 20 世纪 90 年代末起,海南在大力加强基础设施建设的同时,能源消耗与 CO_2 排放量也在攀升;河北、山东自身的一次能源储备丰富,能源消耗的成本低,不注重提高能源的利用效率,而且其产业结构偏重导致了 CO_2 排放量与经济增长的同向发展。(4)中、西部绝大部分地区的 CO_2 排放量呈现日益严重的趋势,这是由于在西部大开发战略、中部崛起战略的实施过程中,过于追求经济的增长,忽略了自然环境的恶化,高耗能、重化工业是其能源消耗与 CO_2 排放量急剧增加的直接原因。(5)河北、山西、内蒙古、福建、青海等 20 多个省(直辖市、自治区)散点图中的右下角均出现了一个离群点,这恰好反映了次贷危机在 2008—2009 年对中国大部分地区的经济冲击,次贷危机不仅减缓了大部分地区经济的增长速度,工业产值的下降更是大幅度减少了工业能源消耗总量与 CO_2 排放量。

第四节 小结

本章对中国能源消耗状况以及二氧化碳排放状况进行了统计分析,将中国能源消耗和二氧化碳排放数据进行了国际、区域、省区三个层面的比较分析,通过对相关指标的统计分析,发现中国 1995 年以来的能源消耗总量和 CO_2 排放量的基本走势,以判断中国经济发展和能源消耗的基本状况。结果显示,中国经济的高速增长是以高能耗和高碳排放为代价的，尤其是 2002 年以后中国的能源消耗和 CO_2 排放量增长较快；近三十多年来，尽管中国的能源强度在不断下降，能源效率不断提高，但是能源消耗总量却仍不断攀升，这说明中国能源消耗中可能存在着回弹效应；从能源消耗总量和 CO_2 排放量的国际比较看，尽管中国在能源消耗总量和 CO_2 排放量这两个指标上高居世界首位，然而，中国的人均 CO_2 排放量却远低于美国、日本等发达国家，发达国家完成其工业化的历史碳排放总量远大于中国，尚处于工业化发展阶段的中国消耗大量能源在所难免，中国应当在国际社会舞台上呼吁，发展中国家与发达国家应当按照"共同但有区别"的节能减排原则；从能源消耗和 CO_2 排放量的区域比较看，东部是能源消耗量和 CO_2 排放量的第一大区域，而西部则是能源消耗量和 CO_2 排放量增长速度最快的区域。随着中国工业化和城市化进程的逐步推进，可以预见在未来较长的一段时期内中国仍将持续高能耗和高排放的状况。

本章还在对中国 28 个省（直辖市、自治区）经济增长与 CO_2 排放量的面板数据进行统计分析的基础上，使用半参数面板数据模型对中国 CO_2 排放量的 EKC 进行实证研究。分析结果表明：

（1）在对全国的面板数据进行协整检验的结果表明，仅部分地区各变量之间存在显著的协整关系。这意味着仅有部分地区存在人均实际 GDP 与人均 CO_2 排放的倒"U"形关系或"U"形关系，而且这种非线性与地区差异性恰好为本研究采用 EKC 半参数面板数据模型进行分析提供了依据。

（2）EKC 半参数面板数据模型的估计结果表明，中国及其东部存在 CO_2 排放量的 EKC，转折点为 0.76 千元的人均实际 GDP（以 1995 年的不变价格计算），但是中、西部不存在该曲线，中部即将到达 EKC 的转折点，西部无任何迹象显示 EKC 转折点的到来。这反映了东部在经过"退二进三"的产业结构调整后已基本实现了经济增长与碳排放相脱钩的目标，然而中、西部在中部崛起战略、西部大开发战略的实施过程中尽管逐步缩小了与东部的经济差距，但由于正处于工业化与城市化发展的中期，高耗能、高排放依旧是中、西部经济增长的特征。

（3）地区的人均实际GDP与其非参数项的散点图表明，经济增长与环境压力的关系存在俱乐部收敛，其中东部是人均二氧化碳排放的第一大区域，中、西部地区是人均二氧化碳排放的第二大区域，第一大区域以经济水平高、人均二氧化碳排放量呈下降趋势为特点，第二大区域则以经济水平较低、人均二氧化碳排放量呈升高趋势为特点。

（4）地区的人均实际GDP与其非参数项的散点图还表明，次贷危机在对各地区的经济增长带来较大冲击的同时，也暂时减缓了工业比重大的地区对能源的需求与二氧化碳的排放。这说明了产业结构的调整对二氧化碳排放具有正向影响，EKC的参数、半参数模型中产业结构的系数均为正值也支持了这一结论。

（5）与已有研究比较，本研究的EKC半参数面板数据模型更为稳健灵活，且易于对地区的EKC形态进行分析。本研究与许广月等（2010）的研究均得到了中国及东部存在EKC但西部不存在EKC的相同结论，但对中部EKC的存在性，本研究与许广月等（2010）的研究结论是有差异的。许广月等（2010）的研究认为中部也存在EKC，本研究表明中部正处于EKC的上升段且接近于转折点但尚未形成EKC，根据中国的实际情况与本研究对地区层面的分析，中部尚未形成EKC的结论相对合理。

第四章

能源回弹效应的形成机理

尽管回弹效应这一术语早在20世纪90年代就已经被能源经济学者所正式提出，并在近十多年来引起了学者们的广泛兴趣，迄今有关能源回弹效应的中外文献逾百篇，然而，其中的绝大部分是对特定国家、地区或行业的能源回弹效应进行的实证研究，关于回弹效应形成机理的相关研究很少。在这些有限的回弹效应形成机理研究文献看，大部分是针对回弹效应的概念进行思辨性说理的定性理论分析，而甚少从数理分析的角度刻画回弹效应的形成机理。

本章在对回弹效应形成机理进行图解分析的基础上，构建回弹效应形成机理的数理模型，进而推导出短期生产和长期生产中能源消耗关于能源使用效率①获得的弹性系数，以此获得用于分析回弹效应形成机理的短期回弹效应和长期回弹效应的解析式。

第一节 生产者理论与消费者理论对回弹效应的解释

有关能源回弹效应形成机理的理论研究较少，新古典增长理论

---

① 本章所提到的能源使用效率特指物理学上的能源效率概念，例如，汽车行驶能耗中的每升特定汽油的吨公里数，厂商生产过程中每吨型煤的发热量等。

学者从生产者理论和消费者理论的角度通过图示的分析方法对能源回弹效应的形成机理进行了解释（Sorrell 和 Dimitropoulos，2007；查冬兰等，2012；Lin 等，2013）。

一 消费者的角度

假设消费者只消费两种商品（或服务）获得效用，即能源产品或服务（S）和其他产品或服务（Z）。U_1，U_2 分别是消费者的效用无差异曲线，消费者通过将其总收入在能源服务和其他商品之间进行分配来获得最大效用，能源服务与其他商品的单位价格分别为 P_S 和 P_Z。如图4—1所示，在能源效率提高之前，L_0 为消费者预算 $Y \geqslant P_S S + P_Z Z$ 的约束线，它与消费者的效用无差异曲线 U_1 相切于点 A，点 A 是消费者效用最大化的一个均衡点，在 A 均衡点上，能源服务与其他产品的需求量分别为 S_1 和 Z_1，消费者在总收入 Y 的预算约束下实现了最大效用；当能源使用效率获得一个外生的增量时，消费 S_1 单位的能源服务因能源使用效率的提高所节约的能源消耗百分比为：

$$ENG = \frac{E(S_1) - E^*(S_1)}{E(S_1)} \times 100\% \qquad (4—1)$$

式（4—1）中，$E(S_1)$ 为在初始的能源使用效率下消费 S_1 单位能源服务所需要的能源消耗量，$E^*(S_1)$ 为能源使用效率提高后消费 S_1 单位能源服务所需的能源消耗量，这里显然有 $E(S_1) > E^*(S_1)$。然而，式（4—1）会高估实际节能量，因为当能源使用效率获得提高时，S_1 单位能源服务所需的能源消耗量减少，能源价格下降，替代效应使得满足同样效用的其他商品的需求量减少而增加能源服务的需求，在点 B 处实现新的均衡，此时，能源服务与其他产品的需求量分别为 S_2 和 Z_2，节能比例为：

$$ACT1 = \frac{E(S_1) - E^*(S_2)}{E(S_1)} \times 100\% \qquad (4—2)$$

式（4—2）中，$E^*(S_2)$ 为能源效率提高后消费 S_2 单位能源服务所需的能源消耗量。

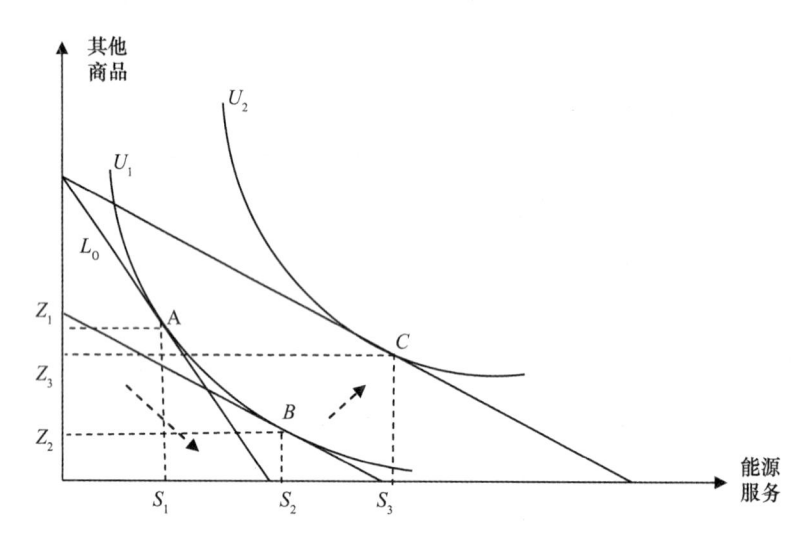

图 4—1 消费者回弹效应图示

资料来源：笔者自制。

由于能源价格的下降，消费者实际购买力提高，消费者可以用同样的收入获得更高的效用，收入效应使得无差异曲线右移至 U_2，消费者在新的均衡点 C 处获得最大效用，相应地，能源服务与其他产品的需求量分别为 S_3 和 Z_3。即实际节能比例应将式（4—2）修正为：

$$ACT = \frac{E(S_1) - E^*(S_3)}{E(S_1)} \times 100\% \quad (4—3)$$

这样，根据回弹效应的计算方法：

$$R = \frac{ENG - ACT}{ENG} \times 100\% \quad (4—4)$$

可得消费者的回弹效应为：

$$R = \frac{(E(S_1) - E^*(S_1)) - (E(S_1) - E^*(S_3))}{E(S_1) - E^*(S_1)} \times 100\%$$

$$(4—5)$$

即：

$$R = \frac{E^*(S_3) - E^*(S_1)}{E(S_1) - E^*(S_1)} \times 100\% \qquad (4—6)$$

式（4—6）中，分子 $E^*(S_3) - E^*(S_1)$ 即为能源使用效率获得提高后的能源回弹量，而分母 $E(S_1) - E^*(S_1)$ 则为能源使用效率改善的理论节能量。

二 生产者的角度

假设市场是完全竞争的市场，厂商掌握着与自己的经济决策有关的一切信息，并且具有足够的理性做出自己最优的经济决策，从而获得最大的经济效益。为表述的方便，假设只有能源功效（S）和资本（K）两种生产要素，这两种生产要素的价格分别记为 P_S 和 P_K，则总成本 $C = P_K K + P_S S$。如图4—2所示，O_1 和 O_2 是厂商的两条不同的等产量曲线，L_0 为等成本曲线，对应的总成本为 C_0，在总成本 C_0 约束下，厂商在点 A 处实现生产者最优，对应的最优投入为 (S_1, K_1)。

能源使用效率的改善可以使得用更少的能源投入而获得相同的产出，即能源的相对价格下降，相应的能源价格下降为 P'_S（$P'_S < P_S$），等成本曲线外移至 L_1，于是在总成本 C_0 下，最优生产点为切点 B，对应的最优投入为 (S_2, K_2)，总产出由 O_1 增加至 O_2。

然而，对厂商而言，最终的最优生产点并非点 B，因为厂商的目标并非是在总成本 C_0 的约束下产量最大，而是使利润最大化。能源效率的提高使得厂商能够以更低的价格生产相同产量的产品，在完全竞争市场中，厂商的长期成本下降，产品总供给曲线右移，产品价格将会下降，需求和供给数量将上升，因此，对于单个厂商而言，在长期将会扩大生产规模，产量进一步由 O_2 增加至 O_3 以达到最后的均衡点 C。这样，增加的能源消耗将部分抵消能源效率提高所节约的能源量，因此，厂商的回弹效应为：

$$R = \frac{E^*(S_3) - E^*(S_1)}{E(S_1) - E^*(S_1)} \times 100\% \qquad (4—7)$$

式（4—7）中，$E(S_1)$ 为初始的能源使用效率下 S_1 单位的能源功效所需投入的能源消耗量，$E^*(S_1)$ 为提高能源使用效率后，获得 S_1 单位的能源功效所需投入的能源消耗量，$E^*(S_3)$ 为提高能源使用效率后，获得 S_3 单位的能源功效所需投入的能源消耗量。与式（4—6）相似，分子 $E^*(S_3) - E^*(S_1)$ 即为能源使用效率获得提高后的能源回弹量，而分母 $E(S_1) - E^*(S_1)$ 则为能源使用效率改善的理论节能量。

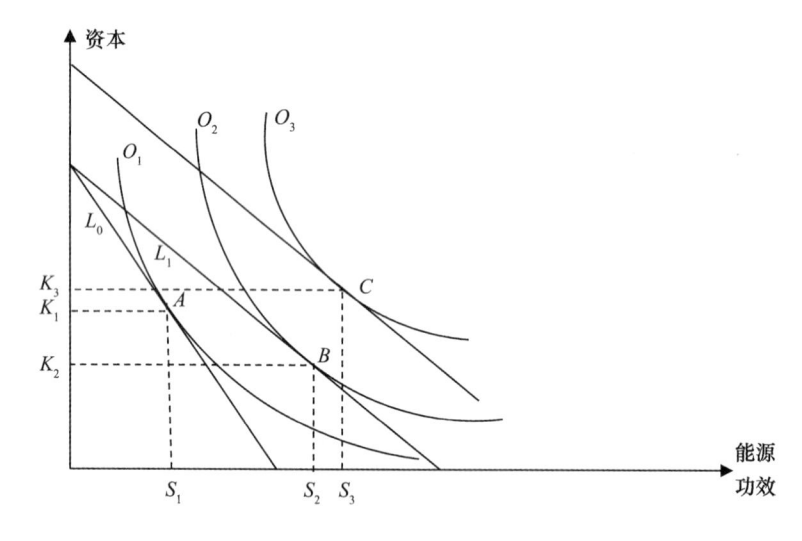

图4—2 生产者回弹效应图示

资料来源：笔者自制。

第二节 回弹效应的数理模型

自从 Khazzoom-Brookes 假说提出以来，一些学者试图利用现代经济学理论对回弹效应的机理进行解释。Brookes（1978）率先对回弹效应从宏观经济的框架进行了讨论；美国经济学家 Saunders（1992、2000、2005、2008）在 Brookes（1978）的基础上，通过构建新古典增长模型对回弹效应的产生机理进行了研究，证明了在新古典增长理论的假设下回弹效应的存在性，然而，Saunders 的分析假定了能源价格是不变的，即忽略了能源供给有限性的约束；Wei（2007）将能源价格内化于一般均衡模型中，并通过构建 Cobb-Douglas 生产函数证明回弹效应的存在性。本研究在 Wei（2007）的基础上，通过构建一般形式的三要素生产函数进行均衡分析以获得短期回弹效应和长期回弹效应的解析式，进而分析回弹效应的形成机理及能源使用效率的改善对回弹效应的短期与长期作用机制。

一 均衡模型的构建

假设全社会福利可通过全社会的总产出 Y 表示，于是全社会福利可由资本、劳动力和能源表示，即假设全社会福利函数具有如下形式且二阶连续可微：

$$Y = f(K^d, L^d, \tau E^d) \qquad (4—8)$$

其中，K^d、L^d、E^d 分别是为创造全社会福利而投入到生产中的资本、劳动力和能源数量；右上角的符号 d 代表生产过程中的投入需求；τ 为能源使用效率参数，当其他条件不变而能源使用效率 τ 提升 1% 时，可以减少 1% 的能源投入而获得相同的福利水平。

通常增加要素投入可提高福利水平，即式（4—8）满足：$f_i > 0$，其中右下角标号 i 表示函数 f 关于第 i 分量求偏导数；由边际报酬递减规律，通常有 $f_{ii} < 0$，$i = 1, 2, 3$。

假定福利的单位价格为 1，给定资本、劳动力、能源的市场价格，则全社会福利计划者可通过最大化净福利实现最优福利生产计划：

$$\begin{aligned} &\max_{K^d, L^d, E^d} \quad Y - P_K K^d - P_L L^d - P_E E^d \\ &s.t. \quad Y = f(K^d, L^d, \tau E^d) \end{aligned} \qquad (4—9)$$

式（4—9）中，P_K、P_L、P_E分别为资本、劳动力和能源的价格，于是该最优化问题的一阶条件为：

$$f'_K: f_1(K^d, L^d, \tau E^d) = P_K \quad (4—10)$$

$$f'_L: f_2(K^d, L^d, \tau E^d) = P_L \quad (4—11)$$

$$f'_E: \tau f_3(K^d, L^d, \tau E^d) = P_E \quad (4—12)$$

因此，对于给定的要素价格，全社会福利计划者可通过式（4—10）来调整各要素的投入量以实现最大福利。

为表述简便，假设资本、劳动力和能源的供应者所愿意供应各要素的数量仅依赖于要素的市场价格，即：

$$K^s = K^s(P_K) \quad (4—13)$$

$$L^s = L^s(P_L) \quad (4—14)$$

$$E^s = E^s(P_E) \quad (4—15)$$

式（4—13）至式（4—15）中，K^s为资本供给量，L^s为劳动力供给量，E^s为能源供给量。

在最优路径上，各要素实现供给与需求的均衡：

$$K^s = K^d = K \quad (4—16)$$

$$L^s = L^d = L \quad (4—17)$$

$$E^s = E^d = E \quad (4—18)$$

式（4—16）至式（4—18）中，K^d为资本需求量，L^d为劳动力需求量，E^d为能源需求量，K为均衡状态时的资本量，L为均衡状态时的劳动力数量，E为均衡状态的能源量。

如果已知各要素的需求量，则可根据式（4—13）至式（4—18）获得各要素的市场价格P_K、P_L、P_E。

因此，式（4—8）至式（4—18）这11个关系式构成了一个均衡模型，其变量包括福利Y、资本需求量K^d、劳动力需求量L^d、能源需求量E^d、资本供给量K^s、劳动力供给量L^s、能源供给量E^s、资本价格P_K、劳动力价格P_L、能源价格P_E。

假设初始时刻的经济处于有效路径上,对应的能源使用效率水平 $\tau=1$,当能源使用效率 τ 发生变化的时候,初始经济也将发生变化并到达新的最优路径上。通过比较能源使用效率获得前后的最优路径,可以研究能源消耗关于能源使用效率获得的回弹效应。

沿用式(2—2)中的记号,记 η 为能源消耗关于能源使用效率的弹性:

$$\eta = \frac{d\ln E}{d\ln \tau} = \frac{\tau}{E}\frac{dE}{d\tau} \qquad (4—19)$$

根据能源回弹效应的定义式:$R = 1 + \eta$,当且仅当能源消耗与能源使用效率呈反方向的等比例变化时,$\eta = -1$,零回弹发生。因此,零回弹实际上假定了能源消耗仅仅受到能源使用效率的影响。

当能源使用效率获得改善,获得福利水平 Y 的生产成本将减少,全社会福利计划者不再保持原有的生产水平,因为可以通过扩大生产规模而获得更高的福利水平。例如,可以在保持其他要素投入不变的条件下增加能源要素的投入,即所谓的"短期"反应,因为在短期假定了其他要素是不容易做出调整的。如果对于全社会福利计划者有足够的时间可以调整其他要素的投入量,则称之为"长期"反应。相应地,当全社会福利计划者扩大其生产规模的时候,将可能产生回弹效应。

二 短期回弹效应

在短期,全社会福利计划者无法根据能效的获得而调整资本、劳动力要素的投入数量,他只能够调整能源投入的数量以获得更高的福利水平。

由供给函数式(4—15),求其反函数得到:

$$P_E = P_E(E^s) \qquad (4—20)$$

将式(4—20)代入式(4—12)可得:

$$\tau f_3(K^d, L^d, \tau E^d) = P_E(E^s) \qquad (4—21)$$

对式(4—21)两端取全微分得:

$$f_3 d\tau + \tau\left[f_{31}\frac{dK^d}{d\tau}d\tau + f_{32}\frac{dL^d}{d\tau}d\tau + f_{33}\left(E^d + \tau\frac{dE^d}{d\tau}\right)d\tau\right]$$

$$= \frac{dP_E(E^s)}{dE^s}\frac{dE^s}{d\tau}d\tau \tag{4—22}$$

注意到，在短期内，K^d、L^d 不随 τ 的变化而变化，由式（4—22）进一步整理，可得 E^d 和 E^s 满足：

$$\frac{dP_E(E^s)}{dE^s}dE^s - \tau^2 f_{33}dE^d = (f_3 + \tau E^d f_{33})d\tau \tag{4—23}$$

将式（4—23）进一步整理得：

$$\frac{dP_E(E^s)}{dE^s}\frac{E^s}{P_E}\frac{P_E}{E^s}dE^s - \frac{\tau E^d f_{33}}{f_3}\frac{\tau f_3}{E^d}dE^d = f_3\left(1 + \frac{\tau E^d f_{33}}{f_3}\right)d\tau$$

$$\tag{4—24}$$

为简便，记 σ^s 为能源供应的价格弹性，即：

$$\sigma^s = \frac{P_E}{E^s}\frac{dE^s}{dP_E} \tag{4—25}$$

通常而言，市场价格越高，愿意提供的能源量越多，同时，由于现阶段的能源消耗中是以可耗竭的、不可再生的化石能源为主，因而，能源供应是缺乏价格弹性的，即：$0 < \sigma^s < 1$。

又记 σ_E^E 为能源边际产出关于能源消耗的弹性，即：

$$\sigma_E^E = \frac{E^d}{f_3}\frac{\partial f_3}{\partial E^d} = \frac{E^d}{f_3}f_{33}\tau \tag{4—26}$$

根据边际报酬递减规律，通常 $\sigma_E^E < 0$。

将式（4—22）、式（4—21）和式（4—12）代入式（4—20）可得：

$$\frac{1}{\sigma^s}\frac{\tau f_3}{E^s}dE^s - \sigma_E^E\frac{\tau f_3}{E^d}dE^d = f_3(1 + \sigma_E^E)d\tau \tag{4—27}$$

当 $\sigma^s \neq 0$ 时①，根据市场出清条件式（4—18），能源消耗关于

---

① $\sigma^s = 0$ 意味着能源供给量不随能源市场价格变化而变化，这只有在能源耗竭的极限状态才可能发生，但这种情形没有实际研究意义。

能效获得的短期弹性为：

$$\eta^s = \frac{\tau}{E}\frac{dE}{d\tau} = \frac{1+\sigma_E^E}{1/\sigma^s - \sigma_E^E} \qquad (4-28)$$

由能源回弹效应的定义式：$R = 1 + \eta$，可得短期回弹效应表达式：

$$R^s = 1 + \frac{1+\sigma_E^E}{1/\sigma^s - \sigma_E^E} \qquad (4-29)$$

注意到在定义域 $D = \{(\sigma^s, \sigma_E^E) | 0 < \sigma^s < 1, \sigma_E^E < 0\}$ 内，$-1 < \eta^s < 1$，由于超节能需要满足条件 $\eta^s < -1$，因此，短期内回弹效应不会出现超节能的情形。函数 $\eta^s = \dfrac{1+\sigma_E^E}{1/\sigma^s - \sigma_E^E}$ 的所表示的曲面图像如图 4—3 所示。

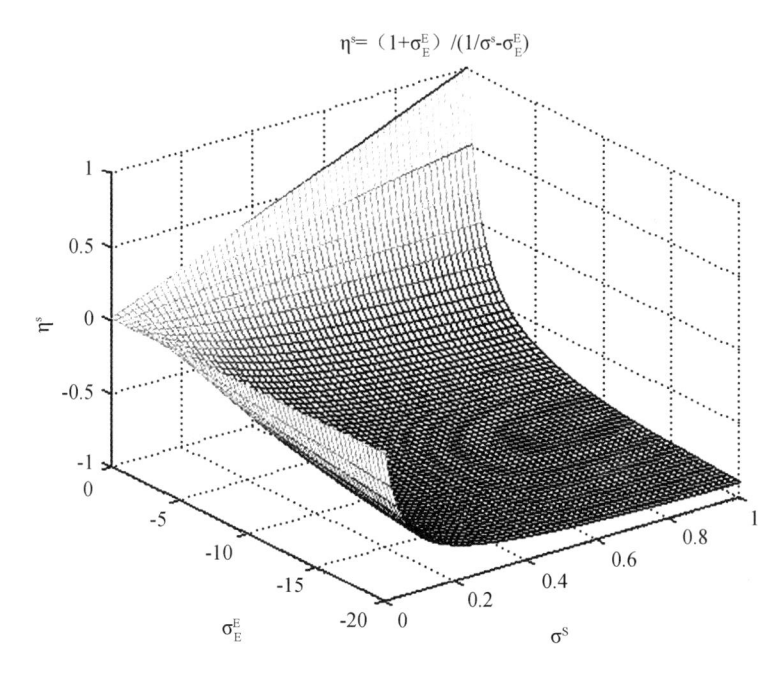

图 4—3　能源消耗关于能效获得的短期弹性函数曲面

资料来源：笔者自制。

事实上，还可以将能源消耗关于能效获得的短期弹性 η^s 通过能源需求价格弹性与能源供给价格弹性表示，记能源需求的价格弹性为 σ^d：

$$\sigma^d = \frac{P_E}{E^d}\frac{dE^d}{dP_E} \tag{4—30}$$

根据市场规律，通常情况下能源价格越高，其需求量越低。因此，一般而言 $\sigma^d < 0$。又据式（4—12），能源消耗的边际产出 τf_3 可被解释为能源价格 P_E。由于在短期，对于给定的能源效率 τ，式（4—12）中只有 P_E 和 E^d 是可变的，因此，对式（4—12）两端关于 P_E 求导，得到：

$$\frac{dE^d}{dP_E} = \frac{1}{\tau^2 f_{33}} \tag{4—31}$$

将式（4—31）、式（4—12）代入式（4—30）可得：

$$\sigma^d = \frac{f_3}{\tau E^d f_{33}} = \frac{1}{\sigma_E^E} \tag{4—32}$$

将式（4—32）代入式（4—28）得：

$$\eta^s = -\frac{\sigma^s}{\sigma^s - \sigma^d}(1 + \sigma^d) \tag{4—33}$$

于是，短期回弹效应又可由能源供给价格弹性和能源需求弹性表示如下：

$$R^s = 1 - \frac{\sigma^s}{\sigma^s - \sigma^d}(1 + \sigma^d) \tag{4—34}$$

三　短期回弹效应情景分析

进一步根据上述推导得到的短期回弹效应解析式对短期回弹效应进行情景分析，以下分析均假定了 $0 < \sigma^s < 1$。

情形一：由式（4—33）可知，当 $\sigma^d < -1$ 时，$\eta^s > 0$，从而 $R^s > 1$；或者由式（4—28）可知，当 $-1 < \sigma_E^E < 0$ 时，也有 $\eta^s > 0$，$R^s > 1$。此时，短期回弹效应将出现回火的情形。

情形二：由式（4—33）可知，当 $\sigma^d = -1$ 时，$\eta^s = 0$，从而 $R^s = 1$；或者由式（4—28）可知，当 $\sigma_E^E = -1$ 时，也有 $\eta^s = 0$，$R^s = 1$。此时，短期回弹效应将出现全回弹的情形。

情形三：由式（4—33）可知，当 $-1 < \sigma^d < 0$ 时，$-1 < \eta^s < 0$，从而 $0 < R^s < 1$；或者由式（4—28）可知，当 $\sigma_E^E < -1$ 时，也有 $-1 < \eta^s < 0$，$0 < R^s < 1$。此时，短期回弹效应将出现部分回弹的情形。

情形四：由式（4—33）可知，当 $\sigma^d \to 0^-$ 时，$\eta^s \to -1$，从而 $R^s \to 0$；或者由式（4—28）可知，当 $\sigma_E^E \to -\infty$ 时，也有 $\eta^s \to -1$，$R^s \to 0$。此时，短期回弹效应将接近于零回弹的情形。

此外，需要注意的是，短期内回弹效应不会出现超节能的情形，因为超节能需要满足条件 $\eta^s < -1$，然而，在定义域 $D = \{(\sigma^s, \sigma_E^E) | 0 < \sigma^s < 1, \sigma_E^E < 0\}$ 内，$-1 < \eta^s < 1$。

四 长期回弹效应

在长期，相应的最优化问题及其一阶条件的形式仍与短期的情形相同，即式（4—9）—式（4—12）对于长期生产而言仍成立。但是，由于在长期，所有的生产要素都是可以随能源效率的变化而调整的，因此，资本市场和劳动力市场也需要考虑进来，由式（4—13）、式（4—14）求反函数可得：

$$P_K = P_K(K^s) \qquad (4-35)$$

$$P_L = P_L(L^s) \qquad (4-36)$$

将式（4—20）、式（4—35）、式（4—37）代入一阶条件式（4—10）—式（4—12）得：

$$f'_K: f_1(K^d, L^d, \tau E^d) = P_K(K^s) \qquad (4-37)$$

$$f'_L: f_2(K^d, L^d, \tau E^d) = P_L(L^s) \qquad (4-38)$$

$$f'_E: \tau f_3(K^d, L^d, \tau E^d) = P_E(E^s) \qquad (4-39)$$

分别对式（4—37）—式（4—39）关于 τ、K^d、L^d、E^d、K^s、L^s、E^s 取全微分得：

$$f_{11}dK^d + f_{12}dL^d + f_{13}(\tau dE^d + E^d d\tau) = \frac{dP_K}{dK^s}dK^s \quad (4—40)$$

$$f_{21}dK^d + f_{22}dL^d + f_{23}(\tau dE^d + E^d d\tau) = \frac{dP_L}{dL^s}dL^s \quad (4—41)$$

$$f_3 d\tau + \tau f_{31}dK^d + \tau f_{32}dL^d + \tau f_{33}(\tau dE^d + E^d d\tau) = \frac{dP_E}{dE^s}dE^s$$
$$(4—42)$$

将式（4—40）—式（4—41）整理得：

$$\frac{f_{11}K^d}{f_1}\frac{f_1}{K^d}dK^d + \frac{f_{12}L^d}{f_1}\frac{f_1}{L^d}dL^d + \frac{\tau E^d f_{13}}{f_1}\frac{f_1}{\tau E^d}(\tau dE^d + E^d d\tau)$$
$$= \frac{dP_K}{dK^s}\frac{K^s}{P_K}\frac{P_K}{K^s}dK^s \quad (4—43)$$

$$\frac{f_{21}K^d}{f_2}\frac{f_2}{K^d}dK^d + \frac{f_{22}L^d}{f_2}\frac{f_2}{L^d}dL^d + \frac{\tau E^d f_{23}}{f_2}\frac{f_2}{\tau E^d}(\tau dE^d + E^d d\tau)$$
$$= \frac{dP_L}{dL^s}\frac{L^s}{P_L}\frac{P_L}{L^s}dL^s \quad (4—44)$$

$$\tau \frac{f_{31}K^d}{f_3}\frac{f_3}{K^d}dK^d + \tau \frac{f_{32}L^d}{f_3}\frac{f_3}{L^d}dL^d + f_3 d\tau + \frac{\tau E^d f_{33}}{f_3}\frac{f_3}{E^d}(\tau dE^d + E^d d\tau)$$
$$= \frac{dP_E}{dE^s}\frac{E^s}{P_E}\frac{P_E}{E^s}dE^s \quad (4—45)$$

将各弹性记为：

$$\sigma_K^K = \frac{K^d}{f'_K}\frac{\partial f'_K}{\partial K^d} = \frac{f_{11}K^d}{f_1} \quad (4—46)$$

$$\sigma_L^K = \frac{L^d}{f'_K}\frac{\partial f'_K}{\partial L^d} = \frac{f_{12}L^d}{f_1} \quad (4—47)$$

$$\sigma_E^K = \frac{E^d}{f'_K}\frac{\partial f'_K}{\partial E^d} = \frac{\tau E^d f_{13}}{f_1} \quad (4—48)$$

$$\sigma_K^L = \frac{K^d}{f_L'}\frac{\partial f_L'}{\partial K^d} = \frac{f_{21}K^d}{f_2} \qquad (4—49)$$

$$\sigma_L^L = \frac{L^d}{f_L'}\frac{\partial f_L'}{\partial L^d} = \frac{f_{22}L^d}{f_2} \qquad (4—50)$$

$$\sigma_E^L = \frac{E^d}{f_L'}\frac{\partial f_L'}{\partial E^d} = \frac{\tau E^d f_{23}}{f_2} \qquad (4—51)$$

$$\sigma_K^E = \frac{K^d}{f_E'}\frac{\partial f_E'}{\partial K^d} = \frac{f_{31}K^d}{f_3} \qquad (4—52)$$

$$\sigma_L^E = \frac{L^d}{f_E'}\frac{\partial f_E'}{\partial L^d} = \frac{f_{32}L^d}{f_3} \qquad (4—53)$$

$$\sigma_K^s = \frac{P_K}{K^s}\frac{dK^s}{dP_K} \qquad (4—54)$$

$$\sigma_L^s = \frac{P_L}{L^s}\frac{dL^s}{dP_L} \qquad (4—55)$$

将式（4—46）—式（4—54）、式（4—25）、式（4—26）分别代入式（4—43）—式（4—45）得：

$$\sigma_K^K \frac{f_1}{K^d}dK^d + \sigma_L^K \frac{f_1}{L^d}dL^d + \sigma_E^K \frac{f_1}{\tau E^d}(\tau dE^d + E^d d\tau) = \frac{1}{\sigma_K^s}\frac{P_K}{K^s}dK^s \qquad (4—56)$$

$$\sigma_K^L \frac{f_2}{K^d}dK^d + \sigma_L^L \frac{f_2}{L^d}dL^d + \sigma_E^L \frac{f_2}{\tau E^d}(\tau dE^d + E^d d\tau) = \frac{1}{\sigma_L^s}\frac{P_L}{L^s}dL^s \qquad (4—57)$$

$$\tau\sigma_K^E \frac{f_3}{K^d}dK^d + \tau\sigma_L^E \frac{f_3}{L^d}dL^d + f_3 d\tau + \sigma_E^E \frac{f_3}{E^d}(\tau dE^d + E^d d\tau) = \frac{1}{\sigma^s}\frac{P_E}{E^s}dE^s \qquad (4—58)$$

由式（4—37）—式（4—39）、式（4—16）—式（4—18），可将式（4—56）—式（4—58）化为：

$$\sigma_K^K \frac{dK}{K} + \sigma_L^K \frac{dL}{L} + \sigma_E^K \left(\frac{dE}{E} + \frac{d\tau}{\tau}\right) = \frac{1}{\sigma_K^s}\frac{dK}{K} \qquad (4—59)$$

$$\sigma_K^L \frac{dK}{K} + \sigma_L^L \frac{dL}{L} + \sigma_E^L \left(\frac{dE}{E} + \frac{d\tau}{\tau} \right) = \frac{1}{\sigma_L^s} \frac{dL}{L} \qquad (4\text{—}60)$$

$$\sigma_K^E \frac{dK}{K} + \sigma_L^E \frac{dL}{L} + \frac{d\tau}{\tau} + \sigma_E^E \left(\frac{dE}{E} + \frac{d\tau}{\tau} \right) = \frac{1}{\sigma^s} \frac{dE}{E} \qquad (4\text{—}61)$$

由式（4—59）—式（4—60）可得：

$$\frac{dK}{K} = A \left(\frac{dE}{E} + \frac{d\tau}{\tau} \right) \qquad (4\text{—}62)$$

$$\frac{dL}{L} = B \left(\frac{dE}{E} + \frac{d\tau}{\tau} \right) \qquad (4\text{—}63)$$

其中，$A = \dfrac{\sigma_K^s \sigma_E^K (1 - \sigma_L^s \sigma_L^L) + \sigma_L^s \sigma_E^L \sigma_K^s \sigma_L^K}{(1 - \sigma_K^s \sigma_K^K)(1 - \sigma_L^s \sigma_L^L) - \sigma_L^s \sigma_K^L \sigma_K^s \sigma_L^K}$，

$$B = \frac{\sigma_L^s \sigma_E^L (1 - \sigma_K^s \sigma_K^K) + \sigma_L^s \sigma_E^K \sigma_K^s \sigma_L^K}{(1 - \sigma_K^s \sigma_K^K)(1 - \sigma_L^s \sigma_L^L) - \sigma_L^s \sigma_K^L \sigma_K^s \sigma_L^K}。$$

将式（4—62）—式（4—63）代入式（4—61），得：

$$\left(\frac{1}{\sigma^s} - A\sigma_K^E - B\sigma_L^E - \sigma_E^E \right) \frac{dE}{E} = (1 + A\sigma_K^E + B\sigma_L^E + \sigma_E^E) \frac{d\tau}{\tau}$$

$$(4\text{—}64)$$

记 $\theta = A\sigma_K^E + B\sigma_L^E$，于是，当 $1/\sigma^s - \sigma_E^E \neq \theta$ 时[①]，能源消耗关于能效获得的长期弹性为：

$$\eta^l = \frac{\tau}{E} \frac{dE}{d\tau} = \frac{1 + \theta + \sigma_E^E}{1/\sigma^s - \theta - \sigma_E^E} \qquad (4\text{—}65)$$

于是，长期回弹效应可表示为：

$$R^l = 1 + \eta^l = 1 + \frac{1 + \theta + \sigma_E^E}{1/\sigma^s - \theta - \sigma_E^E}$$

$$= \frac{1 + 1/\sigma^s}{1/\sigma^s - \theta - \sigma_E^E} \qquad (4\text{—}66)$$

---

① 如果 $1/\sigma^s - \sigma_E^E = \theta$，则式（4—66）的左端等于 0，由于能效获得的情况下 $d\tau/\tau$ 是不等于 0 的，此时有 $1/\sigma^s - \sigma_E^E = \theta = -(1 + \sigma_E^E)$，这只有当 $\sigma^s = -1$ 时方可成立，这意味着能源供给曲线的斜率是负的，这不符合能源稀缺性的假设。

式（4—66）表明，长期回弹效应可由三方面因素决定：能源供给的价格弹性（σ^s）、能源需求的价格弹性（σ^d）[①]、非能源要素边际产出关于各要素的交叉弹性及非能源要素的供给价格弹性（θ）。

比较式（4—28）与式（4—66），可发现长期回弹效应可表示为短期回弹效应与一个额外项之和：

$$\eta^l = \eta^s + \frac{\theta(1+1/\sigma^s)}{(1/\sigma^s - \sigma_E^E)(1/\sigma^s - \sigma_E^E - \theta)} \quad (4—67)$$

式（4—67）右端的第二项的符号是不确定的，因此，长期回弹效应既可以大于短期回弹效应还可以小于短期回弹效应。

当 $\theta \to 0$ 时，$\eta^l \to \eta^s$。根据 θ 的定义，欲使 θ 趋于 0，只需 σ_K^E、σ_E^E、σ_L^L、σ_L^E 均趋于 0，即能源要素投入量与非能源要素投入量之间互不影响，这恰好是符合短期里其他要素投入量无法调整的特点。相应地，长期回弹效应趋向于短期回弹效应。

五 长期回弹效应情景分析

当生产函数 f 为 $C-D$ 生产函数的情形，可以证明 $\theta > 0$。于是，根据式（4—66）可对长期回弹效应进行情景分析。

情形一：当 $1/\sigma^s - \theta < \sigma_E^E < 0$ 时，$\eta^l < -1$，$R^l < 0$。此时，长期回弹效应将出现超节能的情形。

情形二：当 $\sigma_E^E \to -\infty$ 或者 $\theta \to +\infty$ 时，$\eta^l \to -1$，$R^l \to 0$。此时，长期回弹效应将出现零回弹的情形。

情形三：当 $\sigma_E^E < -1-\theta$ 时，$-1 < \eta^l < 0$，$0 < R^l < 1$。此时，长期回弹效应将出现部分回弹的情形。

情形四：当 $\sigma_E^E = -1-\theta$ 时，$\eta^l = 0$，$R^l = 1$。此时，长期回弹效应将出现全回弹的情形。

[①] 式（4—32）中 σ_E^E 与 σ^d 是互为倒数的关系。

情形五：当 $-1-\theta < \sigma_E^E < min \{0, 1/\sigma^s - \theta\}$ 时，$\eta^l > 0$，$R^l > 1$。此时，长期回弹效应将出现回火的情形。

第三节　小结

本章在对回弹效应进行图解分析的基础上，根据均衡理论构建了分析回弹效应的数理模型，分别推导了短期生产和长期生产中能源消耗关于能效获得的弹性系数，获得了短期回弹效应和长期回弹效应的解析式，并讨论了短期回弹效应与长期回弹效应的直接关系，短期回弹效应可视为长期回弹效应的一种特殊极限形式。

表4—1　　　　短期、长期回弹效应情景分析列表

	短期	长期
回弹效应解析式	$R^s = 1 + \dfrac{1 + \sigma_E^E}{1/\sigma^s - \sigma_E^E}$ (or $R^s = 1 - \dfrac{\sigma^s}{\sigma^s - \sigma^d}(1 + \sigma^d)$)	$R^l = 1 + \dfrac{1 + \theta + \sigma_E^E}{1/\sigma^s - \theta - \sigma_E^E}$
回火（$R > 1$）	$-1 < \sigma_E^E < 0$ (or $\sigma^d < -1$)	$-1 - \theta < \sigma_E^E < min \{0, 1/\sigma^s - \theta\}$
全回弹（$R = 1$）	$\sigma_E^E = -1$ (or $\sigma^d = -1$)	$\sigma_E^E = -1 - \theta$
部分回弹（$0 < R < 1$）	$\sigma_E^E < -1$ (or $-1 < \sigma^d < 0$)	$\sigma_E^E < -1 - \theta$
零回弹（$R = 0$）	$\sigma_E^E \to -\infty$ (or $\sigma^d \to 0^-$)	$\sigma_E^E \to -\infty$ or $\theta \to +\infty$
超节能（$R < 0$）	—	$1/\sigma^s - \theta < \sigma_E^E < 0$

注："—"表示不存在回弹效应。

资料来源：笔者自制。

根据短期回弹效应的解析式，短期回弹效应大小取决于能源要素的供给价格弹性（σ^s）和能源要素的需求价格弹性（σ^d）[或能

源边际产出关于能源消耗的弹性（σ_E^E）] 两方面，并且根据二者取值情况的不同，短期回弹效应可分别表现为零回弹效应、部分回弹、全回弹和回火四种情形，但是在短期，回弹效应无法实现超节能的回弹情形。

根据长期回弹效应的解析式，长期回弹效应大小取决于能源要素的供给价格弹性（σ^s）、能源要素的需求价格弹性（σ^d）[或能源边际产出关于能源消耗的弹性（σ_E^E）] 和非能源要素边际产出关于各要素的交叉弹性及非能源要素的供给价格弹性（θ）三方面，并且根据三者取值情况的不同，长期回弹效应可分别表现为超节能、零回弹效应、部分回弹、全回弹、回火五种可能的回弹情形。

第五章

技术溢出视角下中国各省区能源回弹效应的测算

改革开放以来，中国在提高能源效率方面取得了可喜的成绩，然而，中国能源强度的下降未能遏制能源消耗的增长态势，能源效率提高等技术进步因素所导致的生产规模扩张极大地拉动了生产过程中的能源要素投入，从而能源效率改善所带来的节能效果难以展现。能源消耗总量不降反升，引起了各界关注，不少学者认为能源回弹效应是导致中国能源消耗总量急剧增长的重要原因。已有文献关于省区层面的能源回弹效应的测算基本上是基于参数计量模型，而参数模型设定正确与否对测算结果准确与否具有至关重要的影响，因此，如何设定一个相对稳健且可行的计量模型对经济增长建模并用于能源回弹效应的测算无疑是一个值得着力研究的问题。

本章针对现有文献测算回弹效应研究忽略经济空间技术溢出效应的缺憾，尤其是忽略能源—经济二者间可能的非线性关系，力图在以下两个方面有所贡献：一是针对地区经济空间技术溢出以及能源—经济非线性关系，构建灵活稳健的半参数空间面板滞后模型刻画地区经济空间的技术溢出及能源—经济增长非线性关系，在此基础上给出经济增长过程中技术进步所致的能源回弹效应测算方法，以丰富能源回弹效应的实证手段；二是通过对中国各省区能源回弹效应的实证研究，帮助我们客观认识中国能源回弹效应的时空特征，从而厘清回弹效应对中国能源消耗总量的影响。

第一节 基于半参数空间面板数据模型的回弹效应测算方法

一 三要素经济增长模型的改进

国外对回弹效应的经验研究主要是通过能源服务的需求价格弹性推断的，刘源远等（2008）认为中国能源价格经历了计划、双轨和市场等不同的阶段，现有的能源价格体系难以客观反映市场现实。因此，考虑到中国能源价格的非市场性，为了能得到相对稳健的计量结果，本研究拟采用新古典经济增长理论估算能源效率改善所带来的理论节能量和技术进步引致生产规模扩大所带来的能源需求回弹量。

为估算技术引致生产规模扩大所带来的能源需求回弹量，需要根据生产函数先估算技术进步对经济增长的贡献。一方面，从影响经济的要素投入看，Cleveland 等（1984）认为经济对能源使用的严重依赖直接导致了能源消耗的变化将对经济发展产生显著影响。Beaudreau（1995）对传统增长模型把能源看作是非基本要素提出了批评，指出没有能源使用也就没有机械化生产，并从经济学视角建议把应能源定位为生产中不可或缺的重要因素。另一方面，从地区经济的空间聚集看，Anselin（1988）认为空间数据常常会呈现出空间相关性和空间异质性，空间异质性主要表现为空间相关的函数形式及参数随个体变化而变化，通常可通过传统的计量经济学方法解决；空间相关性则主要表现为误差项之间存在序列相关或因变量存在空间溢出效应，相应的模型分别为空间误差模型、空间滞后模型。此外，EKC 假说及其在中国的大量实证研究结果（许广月等，

2010；王谦等，2011；冯烽等，2013）表明中国的能源消耗与经济增长之间本质上是非线性的关系。为此，本研究在传统 C-D 生产函数的基础上，建立如下三要素新古典生产函数半参数固定效应空间面板数据模型：

$$\ln Y_{it} = \rho \sum_{j \neq i} \omega_{ij} \ln Y_{jt} + \mu_i + \ln A_{it} + \alpha \ln K_{it} + \beta \ln L_{it} + G(\ln E_{it}) + \varepsilon_{it} \quad (5—1)$$

式（5—1）中，Y_{it}、K_{it}、L_{it}、E_{it} 分别为地区 i 时期 t 的实际 GDP、固定资本存量、劳动力投入、能源消耗；μ_i 为反映地区经济增长个体行为的固定效应参数；A_{it} 为希克斯中性的技术进步；ω_{ij} 为根据地区 i 与地区 j 之间的距离而定义的空间权重；ρ 为反映地区经济空间技术溢出效应的空间系数；$G(\cdot)$ 是未知函数；ε_{it} 为服从 $N(0, \delta^2)$ 的随机扰动；$t = 1, \cdots, T$。该模型的被解释变量 $\ln Y$ 除了受解释变量影响外，还受其空间滞后项的影响，而且相关关系是一部分为已知线性关系和另一部分为未知的非参数函数之和的形式。因此，式（5—1）所示的模型较传统的参数计量模型更为灵活稳健。

二　含地区经济空间技术溢出的能源回弹效应测算

将式（5—1）生产函数两端同时关于时间求导可得各变量增长率间的关系：

$$\frac{\dot{Y}_{it}}{Y_{it}} = \rho \sum_{j \neq i} \omega_{ij} \frac{\dot{Y}_{jt}}{Y_{jt}} + \frac{\dot{A}_{it}}{A_{it}} + \alpha \frac{\dot{K}_{it}}{K_{it}} + \beta \frac{\dot{L}_{it}}{L_{it}} + \frac{\partial G}{\partial (\ln E_{it})} \frac{\dot{E}_{it}}{E_{it}} + \nu_{it}$$

$$(5—2)$$

由于地区 j 的经济增长 Y_{jt} 可通过式（5—1）中的空间相关结构而作用于地区 i 的经济增长 Y_{it}。因此，式（5—2）的含义是经济增长可以归为邻近地区经济空间溢出、纯技术进步、要素投入共同作用的结果。类似于索罗余值法，分别记 g_Y、g_K、g_L、g_E 为产出、资本、劳动、能源的增长率，可得纯技术进步及其空间溢出对经济增长的贡献率：

$$\sigma_{i,t+1} = \frac{g_{A_{it}}}{g_{Y_{it}}} + \rho \frac{\sum_{j \neq i} \omega_{ij} g_{Y_{jt}}}{g_{Y_{it}}} = 1 - \frac{\alpha g_{K_{it}}}{g_{Y_{it}}} - \frac{\beta g_{L_{it}}}{g_{Y_{it}}} - \frac{\partial G}{\partial (\ln E_{it})} \frac{g_{E_{it}}}{g_{Y_{it}}}$$

(5—3)

尽管从形式上看，式（5—3）与传统的索罗余值法计算技术进步贡献率相似，但由于式（5—1）中引入了被解释变量的空间滞后项刻画地区经济空间技术溢出，因此，式（5—3）的索罗余值部分不仅包括本地区纯技术进步对经济增长的贡献，还包括了邻近地区经济技术溢出对本地区经济增长的影响。为区别于纯技术进步对经济增长的贡献，我们把式（5—3）中的 σ 称为广义技术因素对经济增长的贡献。特别的，如果式（5—1）中的空间相关系数 $\rho = 0$，相应地，式（5—3）就是索罗余值法技术进步贡献率的传统计算公式，因而，本研究中的半参数空间面板数据模型更具一般性意义。

实际计算中，取 $g_{K_{it}} = (K_{i,t+1} - K_{it})/K_{it}$，$g_{L_{it}}$、$g_{E_{it}}$、$g_{Y_{it}}$ 类似计算。

一方面，能源效率的改善可以减少单位产出所需要的能源投入。记 EI_{it} 为地区 i 时期 t 的能源强度，则在经济总量不变的条件下，由于能源效率的改善（或能源强度的下降）所获得的理论节能量为：

$$M_{i,t+1} = (EI_{it} - EI_{i,t+1})Y_{it} \quad (5—4)$$

另一方面，能源效率的改善在减少生产过程中单位产出的能源消耗的同时也促进了经济增长，而经济的增长反过来又会拉动能源需求。记 $\sigma_{i,t+1}$ 为地区 i 时期 $t+1$ 的技术因素对经济增长的贡献率，相应地，可得到由于技术因素所带来的产出增长为 $\sigma_{i,t+1}(Y_{i,t+1} - Y_{it})$，从而可得由于技术因素促进经济增长所产生的能源新需求量为：

$$R_{i,t+1} = \sigma_{i,t+1}(Y_{i,t+1} - Y_{it})EI_{i,t+1} \quad (5—5)$$

相应的，改进后的技术进步对能源回弹效应为：

$$RE_{i,t+1} = \frac{R_{i,t+1}}{M_{i,t+1}} = \frac{\sigma_{i,t+1}(Y_{i,t+1} - Y_{it})EI_{i,t+1}}{(EI_{it} - EI_{i,t+1})Y_{it}} \quad (5—6)$$

值得注意的是，式（5—6）所表示的能源回弹效应有意义的潜在前提是技术进步且能源效率有改善，即 $\sigma > 0$ 且 $EI_{it} > EI_{i,t+1}$。否则，由式（5—6）所计算得到的能源回弹效应值将是"无知测度（a measure of our ignorance）"。

第二节 半参数个体固定效应空间面板数据模型的估计

根据式（5—2）—式（5—6），计算能源回弹效应的关键是估计经济增长模型式（5—1）。该模型是半参数个体固定效应空间面板数据模型，由于空间滞后项 $\rho \sum_{j \neq i} \omega_{ij} \ln Y_{jt}$ 和误差项相关而导致内生性，最小二乘估计方法不再适用于估计空间滞后模型，但工具变量类方法（如两阶段最小二乘法、广义矩法等）则可以得到一致收敛估计量。为避免参数部分的内生性问题，本研究采用两阶段最小二乘估计估计其参数部分。

若期望 $E[G(\ln E_{it})] \neq 0$，则可将其归入 μ_i，所以，不妨设 $E[G(\ln E_{it})] = 0$。

假定式（5—1）中参数部分的解释变量出现了内生变量（如 $\sum_{j \neq i} \omega_{ij} \ln Y_{jt}$）而非参数部分的解释变量是外生的。下述给出式（5—1）的参数分量系数 ρ、μ_i、α、β 和非参数分量 $G(\cdot)$ 的如下估计方法：

记 $\tilde{Y}_{it} = \sum_{j \neq i} w_{ij} \ln Y_{jt}, \tilde{A}_{it} = \mu_i + \ln A_{it}$，将式（5—1）表示为：

$$\ln Y_{it} = \rho \tilde{Y}_{it} + \tilde{A}_{it} + \alpha \ln K_{it} + \beta \ln L_{it} + G(\ln E_{it}) + \varepsilon_{it} \quad (5—7)$$

假定参数 ρ、$\tilde{A}_{it}$、α、β 已知，因为 E_{it} 是外生变量，对式（5—7）两端关于 $\ln E_{it}$ 取条件期望并移项可得：

$$G(\ln E_{it}) = E(\ln Y_{it}|\ln E_{it}) - \tilde{A}_{it} - \rho E(\breve{Y}_{it}|\ln E_{it})$$
$$- \alpha E(\ln K_{it}|\ln E_{it}) - \beta E(\ln L_{it}|\ln E_{it}) \quad (5—8)$$

于是，可得非参数分量的初步估计：

$$\hat{G}(\ln E_{it}) = \hat{E}(\ln Y_{it}|\ln E_{it}) - \tilde{A}_{it} - \rho\hat{E}(\breve{Y}_{it}|\ln E_{it})$$
$$- \alpha\hat{E}(\ln K_{it}|\ln E_{it}) - \beta\hat{E}(\ln L_{it}|\ln E_{it}) \quad (5—9)$$

其中，$\hat{E}(\ln Y_{it}|\ln E_{it})$、$\hat{E}(\breve{Y}_{it}|\ln E_{it})$、$\hat{E}(\ln K_{it}|\ln E_{it})$、$\hat{E}(\ln L_{it}|\ln E_{it})$ 分别是 $E(\ln Y_{it}|\ln E_{it})$、$E(\breve{Y}_{it}|\ln E_{it})$、$E(\ln K_{it}|\ln E_{it})$、$E(\ln L_{it}|\ln E_{it})$ 的非参数局部线性估计。将式（5—8）的非参数分量用其初步估计代替，即将式（5—9）代入式（5—8），得到如下消除 $\tilde{A}_{it}$ 的参数模型：

$$\ln Y_{it} - \hat{E}(\ln Y_{it}|\ln E_{it}) = \rho[\breve{Y}_{it} - \hat{E}(\breve{Y}_{it}|\ln E_{it})]$$
$$+ \alpha[\ln K_{it} - \hat{E}(\ln K_{it}|\ln E_{it})] + \beta[\ln L_{it}$$
$$- \hat{E}(\ln L_{it}|\ln E_{it})] + \varepsilon_{it} \quad (5—10)$$

再利用工具变量得到参数 ρ、α、β 的两阶段最小二乘估计，其中工具变量可从变量的时间滞后项和空间滞后项获得，本研究选取 $\ln K$、$\ln L$、$\ln E$ 的一阶空间滞后项和一阶时间滞后项作为工具变量。最后，得到截距项 $\tilde{A}_{it}$ 和非参数分量 $G(\cdot)$ 的估计：

$$\hat{\tilde{A}}_{it} = \ln Y_{it} - \rho\breve{Y}_{it} - \alpha\ln K_{it} - \beta\ln L_{it} \quad (5—11)$$

$$\hat{G}(\ln E_{it}) = \hat{G}(\ln E_{it}; \hat{\tilde{A}}_{it}, \hat{\rho}, \hat{\alpha}, \hat{\beta}) \quad (5—12)$$

因为使用的是局部线性估计法估计 $E(\ln Y_{it}|\ln E_{it})$、$E(\breve{Y}_{it}|\ln E_{it})$、$E(\ln K_{it}|\ln E_{it})$、$E(\ln L_{it}|\ln E_{it})$，所以可以同时获得 $E(\ln Y_{it}|\ln E_{it})$、$E(\breve{Y}_{it}|\ln E_{it})$、$E(\ln K_{it}|\ln E_{it})$、$E(\ln L_{it}|\ln E_{it})$ 及其一阶导数的估计，再由式（5—9）可得 $G(\ln E_{it})$ 关于 $\ln E_{it}$ 的偏

导数的估计值。有关非参数计量模型局部线性估计的具体计算方法可参见叶阿忠（2008）的相关内容。

第三节 技术溢出视角下中国省区能源回弹效应的实证

一 数据来源与预处理

采用1995—2011年中国29个省区的面板数据，考虑到统计数据的一致性和可获性，将重庆与四川的数据合并计算，西藏、台湾、香港和澳门不包括在研究的样本中。各省区生产总值、生产总值指数、年末就业人数、固定资本形成总额、固定资本投资价格指数、生产用能源消耗总量，其中各省区的生产总值、生产总值指数、年末就业人数、固定资本形成总额、固定资本投资价格指数的数据来源于国泰安数据库。省区产出以该省区生产总值表示，资本投入以固定资本投入表示，劳动力投入以年末就业人数表示，能源投入以生产用能源消耗总量表示。由于没有资本存量的统计数据，因此沿用张军等（2004）的方法及结果估算各地区的固定资本存量，取资本折旧率为9.6%。省区生产总值和固定资本存量均以1995年为基年的可比价格计算。

各省区生产用终端能源消耗量由该省区终端能源消耗量减去生活用终端能源消耗量得到，其中各省区终端能源消耗量和生活用终端能源消耗量根据历年《中国能源统计年鉴》分地区能源平衡表各种能源消耗量及各种能源折算标准煤系数计算得到，其中2001年海南和2001—2002年宁夏的能源消耗总量数据采用插值法补全。按照《中国能源统计年鉴》的分类，本研究统计的20种能源包括煤品、油品、气品三大类的17种含碳能源及热力、电力和其他能源，各种能源折算标准煤系数参考《中国能源统计年鉴》，见表5—1。

表 5—1　　　　　20 种能源按能源热值折算标准煤系数

1 原煤	0.7143	5 焦炭	0.9714	9 汽油	1.4714	13 液化石油气	1.7143	17 其他焦化产品	1.2000
2 洗精煤	0.9000	6 焦炉煤气	0.5928	10 煤油	1.4714	14 炼厂干气	1.5714	18 热力	0.03412
3 其他洗煤	0.3214	7 其他煤气	0.5797	11 柴油	1.4571	15 天然气	1.3300	19 电力	0.1229
4 型煤	0.6000	8 原油	1.4286	12 燃料油	1.4286	16 其他石油制品	1.2000	20 其他能源	1.0000

资料来源：笔者自制。

根据中华人民共和国《综合能耗计算通则》（GB/T2589—2008）的计算方法，省区 i 在时期 t 的终端能源消耗量计算公式为：

$$TE_{it} = \sum_{j=1}^{20} (e_{it}^{(j)} \cdot p^{(j)}) \tag{5—13}$$

式（5—13）中，TE_{it}、$e_{it}^{(j)}$ 分别为省区 i 在时期 t 的终端能源消耗量、能源 j 终端消耗实物量，$p^{(j)}$ 为能源 j 的折算标准煤系数。各省区历年的居民生活能源消耗数值计算公式为：

$$RSE_{it} = \sum_{j=1}^{20} (rse_{it}^{(j)} \cdot p^{(j)}) \tag{5—14}$$

式（5—14）中，RSE_{it} 为省区 i 在时期 t 的居民生活能源消耗量，$rse_{it}^{(j)}$ 为省区 i 在时期 t 能源 j 的生活消费量，其余记号同式（5—13）。

于是，省区 i 在时期 t 生产性投入的终端能源消耗量为：

$$E_{it} = TE_{it} - RSE_{it} \tag{5—15}$$

式（5—15）中，E_{it} 为省区 i 在时期 t 生产性投入的能源消耗量，其余记号同式（5—13）、式（5—14）。

鉴于 2009 年前后《中国能源统计年鉴》中能源平衡表的能源

种类不完全一致，为统计口径相一致，将年鉴中 2010 年及以后年份的高炉煤气、转炉煤气、其他煤气都归并为其他煤气，其余新增的细分能源由于占能源消耗总量的份额极少不予统计；表 5—1 中折算标准煤系数单位分别是：能源 1—6、能源 8—14、能源 16—17 为千克标准煤/千克，能源 7、能源 15 为千克标准煤/立方米，能源 18 为千克标准煤/百万焦耳，能源 19 为千克标准煤/千瓦时，能源 20 为千克标准煤/千克标准煤。

由式（5—13）—式（5—15）可计算得到各省区能源消耗量、居民生活终端能源消耗量、生产性投入终端能源消耗量，图 5—1 至图 5—3 分别为东、中、西部终端能源消耗量、居民生活终端能源消耗量、生产性投入终端能源消耗量的时间序列图。

由图 5—1 至图 5—3，从能源消耗总量的区域比较看，东部作为中国经济发展的前沿区域，其终端能源消耗量、居民生活终端能源消耗量、生产性投入终端能源消耗量始终高于中、西部，该区域生产性终端能源消耗量从 1995 年的 41467 万吨标准煤，增长到 2011 年的 130725 万吨标准煤，年均增速为 7.44%，是能源消耗的第一大区域；中部生产性终端能源消耗量从 1995 年的 26438 万吨标准煤，增长到 2011 年的 73920 万吨标准煤，年均增速为 6.63%；西部生产性终端能源消耗量从 1995 年的 18480 万吨标准煤，增长到 2011 年的 69925 万吨标准煤，年均增速为 8.67%，消费数量接近于中部。从生产性终端能源消耗量看，东部最大，中部次之，西部最小。但从生产性终端能源消耗量的增长速度看，西部增长最快，东部次之，中部再次。三大区域生产性终端能源消耗量在 2002 年以后均表现了较快的增长速度，并且东、西部生产性终端能源消耗量的差距有扩大的趋势。

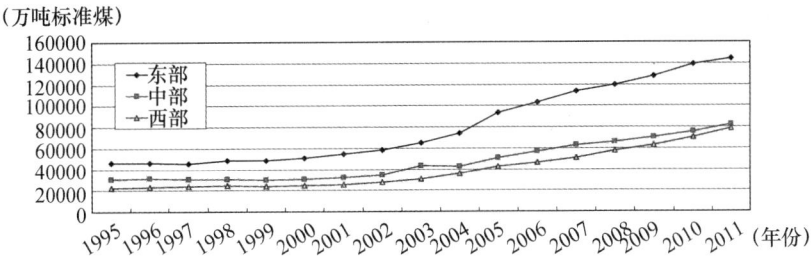

图5—1 东、中、西部能源消耗总量时间序列图

资料来源：笔者自制。

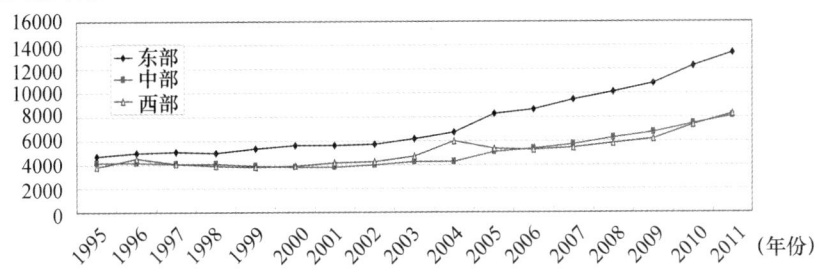

图5—2 东、中、西部居民生活能源消耗量时间序列图

资料来源：笔者自制。

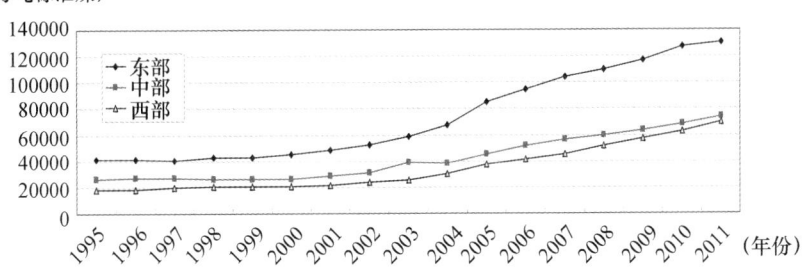

图5—3 东、中、西部生产性投入能源消耗量时间序列图

资料来源：笔者自制。

二 面板数据单位根检验与协整检验

由于大多数经济变量的时间序列是非平稳的，为避免伪回归，先对各变量进行面板数据的单位根检验。本研究采用 Pesaran (2007) 提出的面板数据的单位根检验方法，该检验方法的优点在于允许存在横截面相关,其原假设是存在单位根。根据表5—2的检验结果,即使在10%的显著性水平下,不拒绝变量lnY、lnK、lnL为非平稳面板数据的原假设,但lnE在1%的显著性水平下为平稳面板数据,这表明能源消耗量与经济增长间可能存在复杂的非线性关系;而它们的一阶差分序列在1%的显著性水平下,均拒绝了为非平稳面板数据的原假设,这表明lnY、lnK、lnL均为同阶单整过程。

表5—2　　　　　　　　各面板数据变量单位根检验结果

变量	lnY	lnK	lnL	lnE	D(lnY)	D(lnK)	D(lnL)	D(lnE)
PADF统计量(P值)	-1.411 (0.595)	-1.664 (0.655)	-1.205 (0.998)	-2.511*** (0.000)	-2.318*** (0.001)	-2.245*** (0.004)	-2.801*** (0.000)	-3.882*** (0.000)

注:D()表示一阶差分;各变量原序列选取的滞后阶数均为1,差分序列选取的滞后阶数均为0;结果由计量软件Stata 11.0计算得到。

资料来源:笔者自制。

进一步进行协整关系检验,本研究采用Pedroni(1999)的协整检验方法,该检验方法通过构建七个统计量来检验面板变量之间的协整关系:四个组内统计量(Panel v、Panel rho、Panel PP与Panel ADF)和三个组间统计量(Group rho、Group PP与Group ADF),检验的原假设为:变量间不存在协整关系。这七个统计量在原假设下渐进服从标准正态分布。检验结果见表5—3。

表5—3　　　　　　　　各面板变量协整检验结果

检验统计量	Panel v	Panel rho	Panel PP	Panel ADF	Group rho	Group PP	Group ADF
统计量的值(P值)	18.069*** (0.000)	4.046 (1.000)	0.048 (0.345)	-1.111*** (0.000)	5.122 (1.000)	-5.579*** (0.000)	-3.845*** (0.000)

注:结果由计量软件Eviews 6.0计算得到。

资料来源:笔者自制。

由表5—3可见，这七个统计量中有四个统计量的检验在1%的显著性水平下拒绝了原假设，即至少部分省区各变量之间存在协整关系。

三 空间相关性检验

为检验省区经济增长是否存在空间自相关，对各省区的GDP数据采用LISA（空间联系的局部指标）聚集地图来分析局部空间自相关。结果表明，1995年以来中国经济增长可能存在空间自相关性，且在时间上局部自相关模式变化不大。2011年山东、江苏、上海和福建的GDP呈现显著的高—高集聚，这是因为这些省市都处于沿海地区，拥有较好的自然禀赋和区位优势，存在空间上的相互集聚；新疆、甘肃的GDP呈现显著低—低集聚，因为这两个省区与相邻省区的经济水平相对比较低；安徽和海南的GDP呈现显著的低—高空间集聚状态，这两个省的经济欠发达，但周边省份的经济发展较好，如安徽边上的上海、江苏和福建经济较为发达，海南边上的广东经济发展较好；四川则呈现显著的高—低集聚，这是因为相对于邻近的西藏、甘肃、云南、贵州和青海而言，四川的经济相对发达。

中国经济增长的局部自相关特征提示我们在考察中国经济增长问题中不能忽视省区间的空间相关性，为此，进一步作空间相关性检验，实际应用研究中常常使用 Moran's I 指数来检验空间自相关存在与否，其计算公式如下：

$$Moran\text{'}I = \frac{\sum_{i=1}^{n}\sum_{j=1}^{n}\omega_{ij}(Y_i - \bar{Y})(Y_j - \bar{Y})}{S^2 \sum_{i=1}^{n}\sum_{j=1}^{n}\omega_{ij}} \qquad (5—16)$$

式（5—16）中，$S^2 = \frac{1}{n}\sum_{i=1}^{n}(Y_i - \bar{Y})^2$；$\bar{Y} = \frac{1}{n}\sum_{i=1}^{n}Y_i$，$Y_i$ 表示第 i 地区的观测值；n 为地区总数；ω_{ij} 为二进制的邻接空间权值矩阵，在

本书的实证研究中，取空间邻接矩阵为 Rook 相邻型权重，即 $\omega_{ij} =$
$\begin{cases} 1, & \text{当地区 } i \text{ 与地区 } j \text{ 相邻;} \\ 0, & \text{其他。} \end{cases}$

Moran's I 指数的标准化形式为：

$$Z = \frac{\text{Moran's } I - E(I)}{\sqrt{VAR(I)}} \tag{5—17}$$

式（5—17）中，$\omega_0 = \sum_{i=1}^{n}\sum_{j=1}^{n}\omega_{ij}$，$\omega_1 = \frac{1}{2}\sum_{i=1}^{n}\sum_{j=1}^{n}(\omega_{ij}+\omega_{ji})^2$，$\omega_2 = \sum_{i=1}^{n}(\omega_{i\cdot}+\omega_{\cdot j})^2$，$E(I) = -\frac{1}{n-1}$，$VAR(I) = \frac{n^2\omega_1 + n\omega_2 + 3\omega_0^2}{\omega_0^2(n^2-1)} - E^2(I)$，$w_{i\cdot}$ 和 $w_{\cdot j}$ 分别为空间权值矩阵中 i 行和 j 列之和。在不存在空间相关性的原假设下，Z 服从标准正态分布。

表 5—4 列出了历年 lnY 的空间自相关检验结果，结果表明样本期内，中国的地区经济增长存在显著的空间自相关。

表 5—4　　　　　　　　历年 lnY 空间自相关检验结果

年份	Moran's I	Z 统计量	P 值
1995	0.252	2.189	0.014
1996	0.257	2.224	0.013
1997	0.262	2.253	0.012
1998	0.262	2.255	0.012
1999	0.267	2.287	0.011
2000	0.268	2.294	0.011
2001	0.269	2.303	0.011
2002	0.271	2.315	0.010
2003	0.272	2.321	0.010
2004	0.273	2.330	0.010
2005	0.273	2.327	0.010

续表

年份	Moran's I	Z统计量	P值
2006	0.274	2.339	0.010
2007	0.278	2.363	0.009
2008	0.279	2.377	0.009
2009	0.280	2.383	0.009
2010	0.283	2.405	0.008
2011	0.279	2.377	0.009

注：结果由软件 Matlab 2009b 编程计算得到。

资料来源：笔者自制。

四 Hausman 检验及模型估计结果的比较

为了对个体效应进行选择，进行空间面板数据参数模型的个体效应 Hausman 检验。参数形式的空间面板数据模型按照相关模式可以分为空间滞后模型和空间误差模型两大类，具体形式如下：

空间滞后：$\ln Y_{it} = c + \mu_i + \rho \sum_{j \neq i} \omega_{ij} \ln Y_{jt} + \alpha \ln K_{it} + \beta \ln L_{it} + G(\ln E_{it}) + \varepsilon_{it}$ (5—18)

空间误差：$\ln Y_{it} = c + \mu_i + \alpha \ln K_{it} + \beta \ln L_{it} + G(\ln E_{it}) + \varepsilon_{it}, \varepsilon_{it} = \lambda \sum_{j \neq i} \omega_{ij} \varepsilon_{jt} + \upsilon_{it}$ (5—19)

式（5—18）中 ε_{it} 独立同分布于 $N(0, 1)$，式（5—19）中 υ_{it} 独立同分布于 $N(0, 1)$；空间滞后模型和空间误差模型又可以按照个体效应 μ_i 的随机性与否，分别分为个体固定效应和个体随机效应两种情形，为此，本研究考察四种参数空间面板模型，并将其与半参数个体固定效应空间滞后模型进行比较，其中参数模型根据极大似然法进行估计，半参数个体固定效应空间滞后模型采用本章第二节所给出的方法进行估计，具体估计结果及 Hausman 检验结果列于表5—5。

据表5—5，空间滞后模型较空间误差模型的拟合效果好，进一步对空间滞后模型的个体效应进行 Hausman 检验，其检验统计量为493.836，相应的 P 值小于0.01，因此，在1%的显著性水平下拒绝了个体随机效应的原假设，从而可以认为，在四种参数模型中应当选择个体固定效应空间滞后模型。

进一步将参数个体固定效应空间滞后模型与半参数个体固定效应空间滞后模型进行比较，均方误差和拟合优度均表明后者优于前者。值得注意的是，尽管参数个体固定效应空间滞后模型各变量的系数都是显著的，但是模型的空间滞后项的系数为0.540，均大于资本、劳动力、能源要素投入的系数，即周边省区的经济增长比本省区要素投入对本省区经济增长的影响大，这有悖于经济增长理论常识。出现这一统计结果的原因是模型中的非线性关系归入到空间滞后项与被解释变量的关系中进行解释，因而夸大了地区经济空间技术溢出效应的作用。

表5—5　　　　　Huansman 检验及模型参数估计结果

变量	参数模型				半参数个体固定效应空间滞后模型
	空间滞后模型		空间误差模型		
	个体固定效应	个体随机效应	个体固定效应	个体随机效应	
c	−0.234 (0.9813)	−0.427** (0.044)	−0.956 (0.956)	−1.097** (0.044)	—
$W\ln Y$ or $W\varepsilon$	0.540*** (0.000)	0.520*** (0.000)	−0.008 (0.884)	−0.014 (0.822)	0.0531*** (0.000)
$\ln K$	0.317*** (0.000)	0.329*** (0.000)	0.690*** (0.000)	0.693*** (0.000)	0.7445*** (0.000)
$\ln L$	0.084*** (0.004)	0.117*** (0.000)	0.278*** (0.000)	0.302*** (0.000)	0.2407*** (0.000)

续表

变量	参数模型				半参数个体固定效应空间滞后模型
	空间滞后模型		空间误差模型		
	个体固定效应	个体随机效应	个体固定效应	个体随机效应	
ln$E$	0.051*** (0.000)	0.052*** (0.000)	0.105*** (0.000)	0.099*** (0.000)	—
MSE	0.0570	0.3723	0.9207	0.9582	0.0368
拟合优度	0.9708	0.9253	0.8825	0.8801	0.9765
对数似然值	811.545	683.934	553.368	473.226	—
Hausman 检验统计量	493.836*** (0.000)		3.595 (0.463)		

注：结果由软件 Matlab 2009b 编程计算得到。

资料来源：笔者自制。

表5—5 中的最后一列给出了半参数个体固定效应空间滞后模型参数部分的系数估计结果，结果表明中国省区经济发展中存在显著的空间效应，邻近省区的经济发展对本省经济的发展具有促进作用，并且资本、劳动力对经济增长具有显著的正向影响。半参数个体固定效应空间滞后模型的非参数部分偏导数的估计结果即为各省区历年产出关于生产性能源投入的弹性系数估计结果（如图5—4），由图5—4可知能源产出弹性并非常数，而是随能源投入量的变化而变化的，即能源产出弹性是随时空而变化的。通过将各省区历年能源产出弹性系数估计值取平均值，可估计出全国样本期内的能源产出弹性系数为0.108。这表明能源已经成为现代经济生产中基本的投入要素，但是从各投入要素的系数看，资本要素的系数最大，劳动力要素次之，能源消耗对经济增长的产出弹性相对较小。

图5—5描绘了中国东、中、西部三大区域能源产出弹性系数的动态变化过程，该过程较好地反映了中国经济发展过程中的演变。据图5—5，从能源产出弹性系数的大小看，东、中、西部的

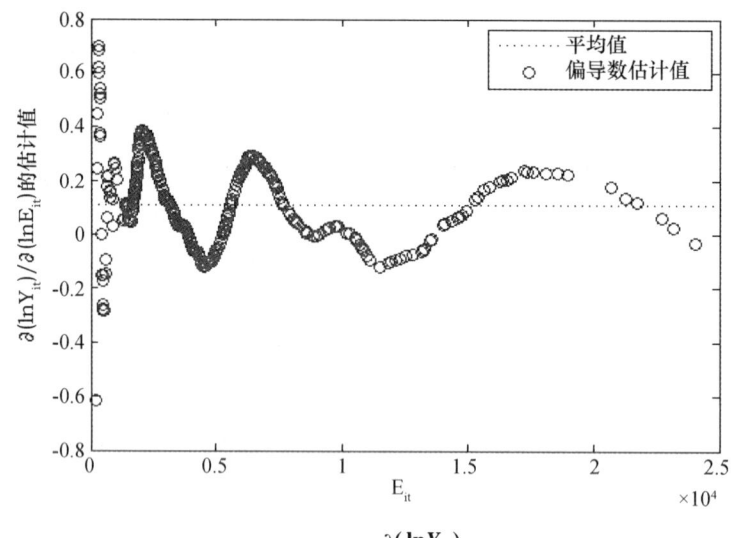

图 5—4　能源产出弹性（$\dfrac{\partial(\ln Y_{it})}{\partial(\ln E_{it})}$）估计值散点图

资料来源：笔者自制。

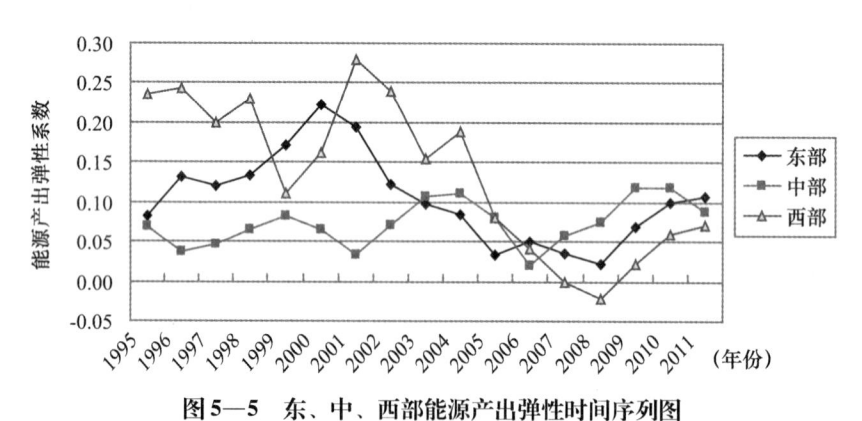

图 5—5　东、中、西部能源产出弹性时间序列图

资料来源：笔者自制。

能源产出弹性的平均值分别为 0.112、0.054、0.149，整体而言，西部的能源产出弹性最大、东部次之、中部最小；从能源产出弹性的变化幅度看，整体而言，中部的能源产出弹性样本期内变化不大，西部的能源产出弹性变化幅度较大；从能源产出弹性的演变态势看，1995—2001 年东、中、西部的能源产出弹性基本保持在一个较高的水平上，但 2002—2008 年，随着中国城市化建设和工业化

进程的推进，能源产出弹性逐步下降，随后能源产出弹性开始回升。表5—6至表5—8列出了东、中、西部地区主要年份能源产出弹性系数的估计值。

表5—6　　　　东部地区部分年份能源产出弹性估计结果

	1995年	1997年	1999年	2001年	2003年	2005年	2007年	2009年	2011年	年平均值
北京	0.36	0.25	0.22	0.09	0.04	-0.01	-0.08	-0.06	-0.02	0.08
天津	0.19	0.12	0.11	0.38	0.37	0.22	0.08	-0.07	-0.02	0.15
河北	0.29	0.01	0.16	0.26	0.00	-0.02	0.20	0.23	0.03	0.14
辽宁	0.22	0.27	0.24	0.25	0.13	0.02	-0.08	0.05	0.04	0.13
上海	0.08	0.05	-0.06	-0.02	-0.10	0.12	0.26	0.21	0.24	0.09
江苏	0.08	0.01	0.07	0.16	0.25	-0.08	-0.01	0.18	0.23	0.10
浙江	0.14	0.13	0.05	-0.04	-0.06	0.18	-0.01	0.03	-0.06	0.05
福建	0.06	0.08	0.08	0.18	0.32	-0.06	-0.06	0.22	0.25	0.13
山东	0.20	0.08	0.28	0.11	0.01	0.17	0.23	0.12	-0.03	0.14
广东	-0.10	-0.10	0.03	0.23	0.05	-0.01	-0.06	0.13	0.20	0.04
海南	-0.62	0.45	0.70	0.54	0.06	-0.15	0.16	0.27	0.11	0.17
地区平均值	0.08	0.12	0.17	0.19	0.10	0.03	0.06	0.12	0.12	0.11

资料来源：笔者自制。

表5—7　　　　中部地区部分年份能源产出弹性估计结果

	1995年	1997年	1999年	2001年	2003年	2005年	2007年	2009年	2011年	年平均值
山西	0.00	-0.03	0.02	-0.08	0.29	0.08	0.00	0.03	-0.04	0.04
吉林	0.15	0.12	0.35	0.29	0.13	-0.06	0.08	0.08	0.25	0.16
黑龙江	0.10	0.03	0.03	0.04	0.03	-0.06	-0.06	0.00	0.25	0.03
安徽	0.12	0.12	0.05	0.03	-0.05	-0.06	-0.03	0.16	0.25	0.06
江西	0.18	0.09	0.11	0.05	0.38	0.22	-0.02	-0.10	-0.10	0.09
河南	0.03	0.00	-0.06	-0.11	0.04	0.00	-0.11	-0.06	0.06	-0.01
湖北	-0.04	-0.07	-0.12	-0.11	0.02	0.28	0.04	0.03	-0.05	-0.01
湖南	0.03	0.11	0.26	0.14	0.02	0.27	0.08	0.02	-0.05	0.09
地区平均值	0.07	0.05	0.08	0.03	0.11	0.08	0.00	0.02	0.07	0.05

资料来源：笔者自制。

表 5—8　　　　西部地区部分年份能源产出弹性估计结果

	1995 年	1997 年	1999 年	2001 年	2003 年	2005 年	2007 年	2009 年	2011 年	年平均值
内蒙古	0.26	0.23	0.29	0.18	0.03	0.13	0.18	-0.02	-0.09	0.14
广西	0.17	0.14	0.24	0.38	0.24	0.03	-0.12	0.06	0.28	0.16
四川	-0.01	0.05	0.24	0.15	0.22	0.04	0.01	0.04	0.23	0.12
贵州	0.38	0.27	0.38	0.37	0.17	0.03	-0.06	-0.11	0.02	0.15
云南	0.10	0.22	0.14	0.35	0.20	-0.08	-0.06	0.21	0.27	0.16
陕西	0.31	0.24	0.05	0.25	0.37	0.06	-0.01	-0.09	0.29	0.17
甘肃	0.05	0.05	0.12	0.19	0.21	0.22	0.12	0.09	0.03	0.15
青海	0.68	0.52	-0.28	0.36	-0.28	0.22	0.24	0.06	0.09	0.17
宁夏	0.37	0.00	-0.28	0.21	0.03	0.11	0.05	0.38	0.25	0.15
新疆	0.05	0.27	0.20	0.34	0.35	0.03	-0.06	-0.10	0.21	0.14
地区平均值	0.24	0.20	0.11	0.28	0.15	0.08	0.04	0.05	0.16	0.15

资料来源：笔者自制。

五　中国各省区回弹效应的测算结果

根据式（5—2）—式（5—6）和半参数个体固定效应空间面板数据经济增长模型参数分量和非参数分量偏导数的估计结果，可以计算出各省区历年由于技术因素所引起的能源减量（理论节能量）、增量（回弹量）以及回弹效应的大小，东、中、西部各年的计算结果见表 5—9 至表 5—11。

从表 5—9 至表 5—11 中的回弹效应的存在性来看，各省区在不同程度上存在回弹效应的现象，但并非所有年份均会出现回弹效应，其原因是能源效率无改善，如 2001—2005 年河北能源消耗增速高于 GDP 增速，能源效率不升反降，从而缺乏形成回弹效应的前提条件。除此以外，更重要的原因是技术无进步，这使得经济增长更多地依赖于要素的投入，即经济增长表现为低质量的粗放式的经济增长，而非技术进步驱动的高质量的经济增长，此时将无法形成回弹效应的情形。

表5—9　　　　　　　　　东部地区历年回弹效应值　　　　　　　　单位：%

年份	北京	天津	河北	辽宁	上海	江苏	浙江	福建	山东	广东	海南
1996	—	19.03	12.59	28.63	—	7.86	—	—	9.54	—	—
1997	0.48	37.05	—	51.05	5.77	5.55	—	8.49	1.19	—	0.48
1998	13.12	34.31	—	46.14	29.03	14.46	—	—	—	1.48	13.12
1999	25.76	27.47	—	33.63	*	3.92	—	—	10.30	—	25.76
2000	36.27	*	—	*	17.43	25.24	—	—	11.09	25.07	36.27
2001	*	47.92	—	75.69	37.34	20.50	—	12.23	—	33.82	*
2002	—	71.24	*	145.03	23.70	57.36	—	—	8.67	76.75	—
2003	—	42.36	—	77.94	57.57	84.09	—	*	54.45	*	—
2004	27.13	163.81	*	47.02	521.14	*	—	—	*	28.84	27.13
2005	—	42.80	*	*	*	*	—	*	—	—	—
2006	16.36	—	14.99	*	*	—	43.98	1.17	—	17.13	16.36
2007	—	142.01	35.03	271.60	84.01	162.96	—	3.14	114.21	64.33	—
2008	5.35	—	—	—	34.45	4.18	—	—	23.78	—	5.35
2009	3.53	—	—	38.17	—	1.75	—	—	—	—	3.53
2010	—	—	—	33.14	35.80	—	28.73	54.91	—	8.82	—
2011	33.03	—	—	—	68.13	14.75	62.29	—	—	—	33.03

注：表中"—"表示因技术无进步而未能形成回弹效应，"*"表示因能源效率无改善而未能形成回弹效应，下同。

资料来源：笔者自制。

表5—10　　　　　　　　　中部地区历年回弹效应值　　　　　　　　单位：%

年份	山西	吉林	黑龙江	安徽	江西	河南	湖北	湖南
1996	18.83	39.97	37.17	89.31	9.84	14.49	—	26.33
1997	0.15	57.16	*	16.08	16.29	—	—	13.98
1998	—	27.42	3.27	17.49	—	—	—	14.32
1999	—	28.97	82.43	36.98	2.37	—	—	14.64
2000	—	54.36	42.58	24.79	9.44	—	—	23.09
2001	*	34.53	19.72	47.92	—	15.95	—	—
2002	*	14.31	36.33	35.52	—	3.11	—	—
2003	60.41	*	57.64	31.42	—	407.27	—	—
2004	33.13	*	88.85	6.60	—	—	—	—

续表

年份	山西	吉林	黑龙江	安徽	江西	河南	湖北	湖南
2005	—	—	105.42	—	—	—	—	—
2006	—	—	*	—	—	—	—	—
2007	—	—	37.18	35.15	*	—	131.70	36.15
2008	—	—	—	7.09	12.85	—	—	—
2009	—	—	—	—	10.33	—	—	—
2010	—	—	—	0.96	29.55	—	*	—
2011	—	—	—	—	—	—	—	—

资料来源：笔者自制。

表 5—11　　　　　　西部地区历年回弹效应值　　　　　　单位：%

年份	内蒙古	广西	四川	贵州	云南	陕西	甘肃	青海	宁夏	新疆
1996	66.82	—	2.74	14.77	44.51	203.79	35.36	31.78	56.30	—
1997	—	—	*	*	17.67	30.98	4.60	—	*	24.32
1998	32.06	0.96	—	—	—	53.17	21.20	21.30	40.62	17.88
1999	46.98	—	—	13.58	—	12.38	—	*	*	22.73
2000	71.81	—	15.20	7.40	16.86	13.70	13.34	—	*	35.00
2001	100.33	10.63	8.85	—	*	—	22.34	16.75	—	40.82
2002	35.34	33.04	—	—	*	*	—	—	—	17.03
2003	—	—	13.98	—	*	23.50	6.64	—	—	—
2004	—	—	—	—	*	28.44	—	—	—	*
2005	—	—	—	25.74	*	*	—	27.68	—	—
2006	—	—	19.85	*	82.79	—	—	—	—	—
2007	—	—	81.70	14.10	155.89	*	11.93	141.87	15.75	41.40
2008	—	—	—	—	87.48	—	—	*	—	71.02
2009	—	—	46.01	—	616.82	—	—	—	—	—
2010	—	—	*	—	5.56	—	—	7.98	—	—
2011	—	—	147.74	194.89	13.77	—	—	—	—	—

资料来源：笔者自制。

进一步，从回弹效应的地区分布看，回弹效应相对集中出现在东部地区，如北京、天津、辽宁、上海、江苏、山东、广东、海南。除此以外，中部地区的黑龙江、安徽和西部地区的四川、云南、新疆也较为频繁地出现回弹效应。这表明经济发达地区更容易出现回弹效应，其原因是这些省区具有较好的技术优势，能够形成技术进步，并通过技术进步促进经济扩张而拉动能源要素投入，因而更容易出现回弹效应；而经济欠发达省区，虽然技术滞后不前，但迫于发展经济的需要，不得不加大要素的投入，造成生产效率及能源使用效率低下的困境，这些省区能源消耗的增加并非是回弹效应所致的，而是由于技术水平和经济增长质量低下。

从回弹效应的时间趋势看，大部分省区所出现的回弹效应主要集中在2001年以前，2002年以后回弹效应出现的频数明显比2001年以前要少，这种时间分布特征在中、西部地区表现得更为明显，这是因为中、西部地区在2002年以后加速了工业化发展进程，机械、冶金、化工等高耗能工业行业的高速发展极大地增加了对能源的需求，使能源消耗的增速高于实际GDP的增速，致使这些省区生产效率停滞不前。

从回弹效应的大小看，所出现的回弹效应值大部分小于100%，也有少数省区的回弹效应值大于100%的情形，即各省区虽然存在不同程度的回弹效应，但是回火情形却没有较少出现。这一结果表明，尽管中国的能源效率改善可能会导致回弹效应，但是回火情形较少出现，这意味着提高能源效率虽然因回弹效应增加能源消耗，但能源节约量大多数情况下大于能源回弹量，因而，就目前来看，提高能源效率仍将是节能降耗的有效途径。

第四节　小结

本章针对现有文献测算回弹效应研究忽略地区经济空间技术溢

出效应以及能源—经济非线性关系的缺憾，构建三要素经济增长的半参数空间面板数据模型，在此基础上给出经济增长过程中技术进步所致的能源回弹效应的测算方法，最后以1995—2011年的省际面板数据对中国的回弹效应进行实证研究。分析结果表明：

（1）在中国能源经济问题的研究中，半参数个体固定效应空间面板数据模型比参数模型具有更高的拟合优度和更丰富的结论。它可以有效地刻画能源经济现象中空间和时间上的相关性，还有效地结合了参数模型和半参数模型二者的优点，因而更具灵活性与应用价值。

（2）中国省区的经济增长不仅与本地区的要素投入有关，还受到来自邻接省区经济发展水平的影响，区域经济增长中存在显著的空间自相关性。空间滞后项的系数显著为正，这一结果表明某一个地区的经济增长会随着的空间相关结构传递到相邻地区，并且这一传递形式具有很长的时间延续性并且是衰减的，因此，在研究中国经济增长问题时不能忽视经济的空间溢出效应。

（3）能源要素对经济增长的影响是非线性影响的，经济产出关于能源投入的弹性随能源投入量的时空变化而变化，且能源要素对产出的影响较资本和劳动力对产出的影响小，总体而言能源产出弹性还处于较低的水平。这与EKC假说及冯烽和叶阿忠（2013）的研究结果是一致的。

（4）从回弹效应的存在性看，能源消耗在中国经济发展中存在回弹效应的现象，但并非所有年份均会出现回弹效应。这是因为个别省区的某些年份能源效率无改善或技术无进步，使得经济增长主要依赖于要素的投入，即经济增长表现为低质量的粗放式的经济增长，而非技术进步驱动的高质量的经济增长，此时将无法形成回弹效应的情形；当技术进步并且能源效率得到提高时，回弹效应就会出现。

（5）从回弹效应的省区分布看，回弹效应相对集中出现在东部地区，其原因是这些省区具有较好的技术优势，能够形成技术进步，并通过技术进步促进经济扩张而拉动能源要素投入，因而更容易出现回弹效应；而经济欠发达省区，虽然技术滞后不前，但迫于发展经济的需要，不得不加大要素的投入，造成生产效率及能源使用效率低下的困境，这些省区能源消耗的增加并非是回弹效应所致的，而是由于技术水平和经济增长质量低下。

（6）从回弹效应的时间演变看，大部分省区所出现的回弹效应主要集中在2001年以前，2002年以后回弹效应出现的频数明显比2001年以前要少，这种时间分布特征在中、西部地区表现得更为明显，这是因为中、西部地区在2002年以后加速了工业化发展进程，机械、冶金、化工等高耗能工业行业的高速发展极大地增加了对能源的需求，使得能源消耗的增速高于实际GDP的增速，致使这些省区生产效率停滞不前。

（7）从回弹效应的大小看，所出现的回弹效应值大部分小于100%，也有少数省区的回弹效应值大于100%的情形，即各省区虽然存在不同程度的回弹效应，但是回火情形却极少出现。这一结果表明，尽管中国的能源效率改善可能会导致回弹效应，但是回火情形较少出现，这意味着提高能源效率虽然因回弹效应增加能源消耗，但能源节约量大多数情况下大于能源回弹量，因而，就目前来看，提高能源效率仍将是节能降耗的有效途径。

第 六 章

技术溢出视角下中国宏观经济及分行业能源回弹效应的测算

近年来,能源回弹效应引起了国内外能源经济学者的广泛关注,然而,从现有文献看,大部分关注的是某一国家或地区的能源回弹效应,对部门(行业)的能源回弹效应的研究较少。厦门大学中国能源经济研究中心以林伯强教授为核心的研究团队对中国的交通运输业、轻工业、重工业、化工业、电解铝行业等多个部门(行业)的能源回弹效应进行了实证研究,取得了一系列具有相当影响力的研究成果。然而,现有对部门(行业)的能源回弹效应的研究大多是使用基于单个部门(行业)的时间序列数据的计量经济模型,这样的方法有两个方面的不足:一是容易由于模型设定偏误造成估计结果不稳健,常出现技术进步为负值的年份,此时的能源回弹效应值是一种无知测度;二是孤立地使用单个部门的时间序列数据,会忽略社会经济系统中部门之间的综合联系及部门之间的技术溢出,所得的能源回弹效应难以客观反映整体经济及各部门经济的能源回弹效应。

本章针对现有文献测算能源回弹效应忽略经济部门技术溢出效应的缺憾,从整个社会经济系统综合联系的角度,给出一种基于能源投入产出序列表的能源回弹效应稳健测算方法。通过编制中国

1997年、2002年、2007年、2012年的含能源实物流量的价值型能源投入产出可比较序列表，测算中国各行业及整体经济的能源回弹效应，旨在通过揭示行业能源回弹效应的异质性，识别中国经济发展中的高能源回弹效应行业，进而对平抑能源回弹效应提出相应的产业结构优化建议。

第一节 基于行业结构与能源效率变化对能源消耗的影响机制分析

在整体经济的层面上，产出水平和能源效率决定着能源消耗量的大小，生产部门能源消耗量的变化来自于产出水平的变化和能源强度的变化。式（6—1）表明，在能源效率和其他生产条件不变的情况下，整体经济的增加值越大，能源消耗总量也越高，二者同方向变化；在产出水平和其他生产条件不变的情况下，整体经济的能源强度（即能源效率的倒数）越大，能源消耗总量也越高，能源效率与能源消耗总量呈反方向变化。

$$\Delta E = I \cdot \Delta Y + Y \cdot \Delta I \qquad (6-1)$$

式（6—1）中，E、Y、I 分别表示能源消耗总量、产出增加值、能源强度，Δ 为增量算子。

对整体经济的能源强度而言，其大小是各行业能源强度按各行业经济比重的加权平均，见式（6—2）。式（6—3）进一步表明了各行业能源效率的变化与产业结构的变动会导致整体经济能源效率的变化，其中，由于行业能源效率变化引起的整体能源效率的变化可解释为"行业内部效应"，由于行业结构变动引起的整体能源效率的变化可解释为"行业结构效应"。

$$I = \frac{E}{Y} = \frac{\sum_i E_i}{Y} = \sum_i \frac{E_i}{Y_i} \frac{Y_i}{Y} = \sum_i I_i S_i \qquad (6-2)$$

$$\Delta I = \sum_i \Delta I_i \cdot S_i + \sum_i I_i \cdot \Delta S_i \qquad (6—3)$$

式（6—2）、式（6—3）中，E_i、Y_i、I_i、S_i 分别表示行业 i 的能源消耗总量、总增加值、能源强度、行业增加值占总增加值的比重。

行业能源效率的提高可直接降低等量产出的能源消耗而节约行业和整体经济的能源消耗。此外，行业能源效率的变化还可以通过图 6—1 所示的两条路径对行业和整体经济的能源需求产生间接影响。第一，行业能源效率的提高可以降低本行业单位产出的能源成本，单位产出能源成本的下降将通过收入效应而增加本行业的产出水平，进而整体经济产出水平增加，从而增加了本行业和整体经济对能源的需求量；第二，行业能源效率的提高在降低本行业单位产出能源成本的同时，将通过经济结构的关联和要素替代效应促进了能源要素向本行业流动，使整体经济的行业结构也发生变化，并影响到整体经济的能源效率水平和能源需求。

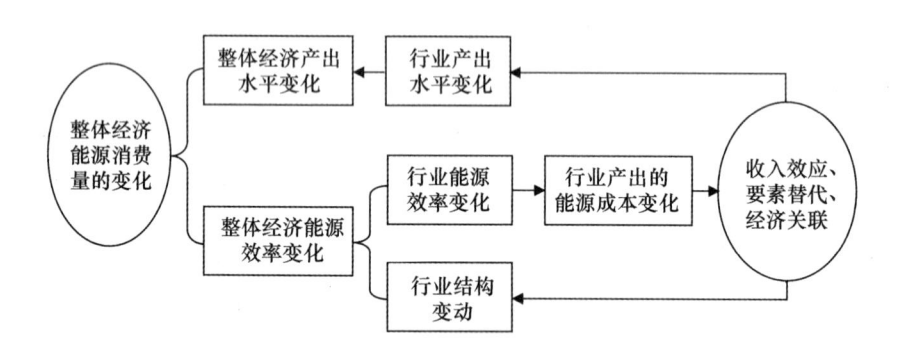

图 6—1　行业结构与能源效率对能源消耗的传导机制

资料来源：笔者绘制。

行业能源效率的变化会通过要素替代、收入效应和经济系统中行业间的经济关联影响该行业与其他行业的要素使用和产出水平直至经济结构达到新的均衡状态，从而不仅在该行业产生了能源回弹效应，还可能诱发其他行业形成能源回弹效应。假定经济系统中的行业只有两个（高能源密度行业和低能源密度行业），通常高能源密度行业的能源强度较高，其能耗成本占总成本的比重也较高，提高高能源密度行业的能源效率对于行业的节能效果也更为明显，因此，以高能源密度行业的能源效率改善为例阐述行业能源效率改善对本行业及其他行业能源回弹效应的诱发机制（如图6—2所示）。当高能源密度行业由于外生能源技术进步获得能源效率提高后，可以降低该行业单位产出的能源消耗，等量产出成本的下降使得厂商可以扩大生产规模，从而额外增加了能源的需求，部分（甚至完全）抵消能源效率提高所获得的节能量，导致了该行业的能源回弹。此外，高能源密度行业产出水平的增加不仅会使得能源需求发生变化，还将拉动资本、劳动力等要素的需求并引致要素的价格发生变化，进而影响到低能源密度行业的产出水平和要素使用的比例，这又会导致低能源密度行业能源效率的间接变化并可能诱发低能源密度行业的能源回弹效应。

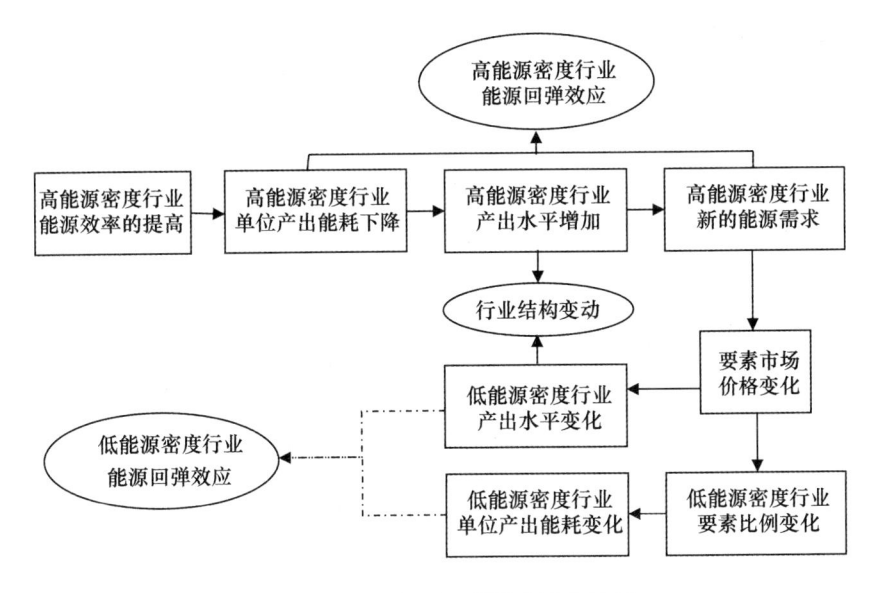

图6—2　行业能源回弹效应诱发机制

资料来源：笔者绘制。

综上，提高能源效率会由于收入效应、替代效应和结构效应等机制对行业和整体经济产生新的能源需求，这将会部分（甚至完全）抵消能源效率改善所获得的理论节能量，从而产生所谓的"能源回弹效应"。由于行业生产过程中对能源要素的依赖程度、行业技术进步能源偏向性以及各行业在经济中的占比和影响力迥异，此外，部分行业补贴和税收优惠等特惠政策也使各行业能源要素获取的难易程度各异，因此，能源回弹效应表现出行业异质性，并且行业的能源效率变化与行业间的经济关联通过影响整体经济的能源效率与能源消耗量而形成整体经济的能源回弹效应。

第二节 基于可比价能源投入产出表的能源回弹效应测算方法

一 能源回弹效应的定义式

Berkhout 等（2000）、Haas 和 Biermayr（2000）、Roy（2000）将能源回弹效应的大小定义为能源回弹量与理论节能量之比，如式（6—4）所示：

$$RE = \frac{AE}{OE} \times 100\% \qquad (6—4)$$

式（6—4）中，RE 表示能源回弹效应，AE 为由于能源效率提高而促进经济增长所增加的能源需求量，OE 为由于能源效率提高所获得的理论节能量。能源效率提高所获得的理论节能量是容易计算的，但是能源效率提高而促进经济增长所增加的能源需求量则需要考察能源效率提高对经济增长的贡献，以便把这部分的产出增长所增加的能源需求量计算出来（Lin 和 Du，2015）。

二 能源效率提高、经济增长所致的能源需求量变化

本章采用 Ang（2005）所提出的 LMDI（对数平均迪氏指数）

分解法，分别获得整体经济中能源强度的变化、产出变化对能源需求量变化的贡献。

将整个经济系统的能源需求量作分解为：

$$E = \sum_{j=1}^{n} E_j = \sum_{j=1}^{n} \frac{E_j}{Y_j} \frac{Y_j}{Y} Y = \sum_{j=1}^{n} I_j S_j Y \qquad (6-5)$$

式（6—5）中，E、Y分别为能源消耗总量和总产出，E_j、Y_j分别为部门j的能源消耗量和产出，I_j、S_j分别为部门j的能源强度和产出比例，n为整体经济中的生产部门数。

对式（6—5）作乘法形式的 LMDI 分解（Ang，2005）：

$$\frac{E^\tau}{E^t} = D^{t,\tau} = D_I^{t,\tau} D_S^{t,\tau} D_Y^{t,\tau} \qquad (6-6)$$

式（6—6）中，E^t、E^τ分别为时期t、τ的能源消耗总量，$D_I^{t,\tau} = \exp(\sum_{j=1}^{n} \omega_j^{t,\tau} \ln(I_j^\tau/I_j^t))$，$D_S^{t,\tau} = \exp(\sum_{j=1}^{n} \omega_j^{t,\tau} \ln(S_j^\tau/S_j^t))$，$D_Y^{t,\tau} = \exp(\sum_{j=1}^{n} \omega_j^{t,\tau} \ln(Y^\tau/Y^t))$，$\omega_j^{t,\tau} = \frac{(E_j^\tau - E_j^t)/(\ln E_j^\tau - \ln E_j^t)}{(E^\tau - E^t)/(\ln E^\tau - \ln E^t)}$。

$D^{t,\tau}$表示能源消耗总量从时期t至时期τ变化的总效应，$D_I^{t,\tau}$、$D_S^{t,\tau}$、$D_Y^{t,\tau}$分别表示能源消耗总量变化的能源强度效应、产业结构效应、经济规模效应。如果$D_I^{t,\tau}$的值大于1，则表示时期t至时期τ能源强度增加（即能源效率下降），且能源强度的变化增加了能源消耗总量；反之，如果$D_I^{t,\tau}$的值小于1，则表示时期t至时期τ能源强度下降（即能源效率提高），且能源强度的变化减少了能源消耗总量。例如，如果$D_I^{t,\tau}=0.9$，则意味着在其他因素（产业结构、总产量）不变的情况下，则时期τ的能源消耗量将是时期t的能源消耗总量的0.9倍，这意味着比时期t节约了10%的能源消耗总量，于是式（6—4）中的时期t至时期τ由于能源效率提高所获得的理论节能量为：

$$OE^{t,\tau} = (1 - D_I^{t,\tau}) E^t \qquad (6-7)$$

同理，如果 $D_I^{t,\tau}=1.2$，表示在不考虑其他因素影响的条件下，时期 τ 的能源消耗量将是时期 τ 的能源消耗总量的 1.2 倍，这意味着比时期 t 增加了 20% 的能源消耗总量，于是整个经济系统时期 t 至时期 τ 由于经济增长而增加的能源消耗量为：

$$GE^{t,\tau} = (D_Y^{t,\tau} - 1)E^t \qquad (6\text{—}8)$$

为方便，定义能源效率指数（energy efficiency index）(Lin 和 Du，2015)：

$$EEI_t = EEI_{t-1} \times (1/D_I^{t-1,t}), EEI_0 = 1 \qquad (6\text{—}9)$$

式 (6—9) 中，反映了能源使用效率的变化情况，例如，当 $D_I^{0,1}=0.9$，则 $EEI_1=1/0.9=1.11$，即消耗相同的能源，期末的能源效用是期初能源效用的 1.11 倍。

式 (6—6)—式(6—9) 给出的是整个经济系统能源消耗总量的分解、由于经济增长而增加的能源消耗量与能源效率指数的定义，特别的，当考虑单个部门 j 时，由于单个部门无法再进行细分，此时式 (6—6)—式(6—9) 分别简化为：

$$D_{jI}^{t,\tau} = I_j^\tau/I_j^t \qquad (6\text{—}10)$$

$$OE_j^{t,\tau} = (1 - D_{jI}^{t,\tau})E_j^t \qquad (6\text{—}11)$$

$$GE_j^{t,\tau} = (D_{jY}^{t,\tau} - 1)E_j^t \qquad (6\text{—}12)$$

$$EEI_{jt} = EEI_{j,t-1} \times (I_j^{t-1}/I_j^t), EEI_{j0} = 1 \qquad (6\text{—}13)$$

三 能源效率提高对经济增长的贡献

通常物理单位的能源消耗量与实际的能源功效并不等价，类似于 Lin 和 Du (2015) 对生产中有效能源服务量的定义，本章进一步定义部门 j 时期 t 使用的有效能源服务量为：

$$U_{jt} = \theta_{jt}E_j^t \qquad (6\text{—}14)$$

式 (6—14) 中，U_{jt} 为部门 j 时期 t 使用的有效能源服务量，E_j^t 为部门 j 时期 t 的能源消耗量，θ_{jt} 为部门 j 时期 t 的能源物理效率，

鉴于 θ_{jt} 难以直接获取，而 EEI_{jt} 反映了部门 j 时期 t 能源使用效率的变化情况，可以认为 θ_{jt} 与 EEI_{jt} 是同比例变化的，因此，用 EEI_{jt} 作为 θ_{jt} 代理变量。

构建如下的三要素生产函数：

$$Y_{jt} = f(K_{jt}, L_{jt}, U_{jt}) + \varepsilon_{jt} \qquad (6-15)$$

式（6—15）中，Y、K、L、U 分别是产出、资本、劳动力、有效能源服务投入的数量，ε 为残差项。式（6—15）两端关于时间求导，并同时除以 Y_{jt} 得：

$$\begin{aligned}
\frac{\dot{Y}_{jt}}{Y_{jt}} &= \frac{K_{jt}}{Y_{jt}} \frac{\partial Y_{jt}}{\partial K_{jt}} \frac{\dot{K}_{jt}}{K_{jt}} + \frac{L_{jt}}{Y_{jt}} \frac{\partial Y_{jt}}{\partial L_{jt}} \frac{\dot{L}_{jt}}{L_{jt}} + \frac{U_{jt}}{Y_{jt}} \frac{\partial Y_{jt}}{\partial U_{jt}} \frac{\dot{U}_{jt}}{U_{jt}} + \frac{\dot{\varepsilon}_{jt}}{Y_{jt}} \\
&= \alpha_{jt} \frac{\dot{K}_{jt}}{K_{jt}} + \beta_{jt} \frac{\dot{L}_{jt}}{L_{jt}} + \gamma_{jt} \frac{\dot{U}_{jt}}{U_{jt}} + \zeta_{jt} \\
&= \alpha_{jt} \frac{\dot{K}_{jt}}{K_{jt}} + \beta_{jt} \frac{\dot{L}_{jt}}{L_{jt}} + \gamma_{jt} \left(\frac{\dot{\theta}_{jt}}{\theta_{jt}} + \frac{\dot{E}_{jt}}{E_{jt}} \right) + \zeta_{jt} \qquad (6-16)
\end{aligned}$$

式（6—16）中，α_{jt}、β_{jt}、γ_{jt} 分别表示资本、劳动力、有效能源服务的产出弹性。于是，部门 j 时期 t 能源效率对经济增长的贡献为：

$$\sigma_{jt} = \frac{\gamma_{jt} \dot{\theta}_{jt} / \theta_{jt}}{\dot{Y}_{jt} / Y_{jt}} \qquad (6-17)$$

从而，式（6—1）中部门 j 由于能源效率提高而促进经济增长所增加的能源需求量为：

$$AE_j^{t,\tau} = \sigma_{jt} GE_j^{t,\tau} = \sigma_{jt} (D_{jY}^{t,\tau} - 1) E_j^t \qquad (6-18)$$

从而，可得部门 j 时期 t 至时期 τ 由于能源效率提高所产生的回弹效应为：

$$RE_j^{t,\tau} = \frac{\sigma_{jt} (D_{jY}^{t,\tau} - 1)}{(1 - D_{jl}^{t,\tau})} \times 100\% \qquad (6-19)$$

同理，将式（6—19）等号右端所有变量取为整个经济系统对应的变量时，可获得 Lin 和 Du（2015）所给出的整个经济系统的能源回弹效应计算式。不同的是，本研究是基于包含有各部门技术溢出信息的能源投入产出表的数据进行计算，可同时计算出整个经济系统和各部门的能源回弹效应。

四 基于能源投入产出表估计要素的产出弹性

上述无论是整个经济系统或是单个部门的回弹效应的计算，均需要先获得有效能源服务的产出弹性，Lin 和 Du（2015）使用超越对数生产函数并通过岭回归获得要素的产出弹性，尽管超越对数生产函数虽然在一定程度上将固定替代弹性放宽到了变替代弹性的情形，但由于增加了待估参数的个数降低了样本自由度，并且会带来共线性等问题。虽然岭回归可以克服共线性的问题，但所获得的估计是有偏估计。本研究通过编制可比较能源投入产出序列表，根据收入份额法（Hosoe，2004；孙琳琳等，2005），以要素报酬占增加值的份额获得整个经济系统和各部门的要素产出弹性，得出部门 j 时期 t 有效能源服务产出弹性的估计：

$$\dot{\gamma}_{jt} = \frac{V_{jt}}{Y_{jt}} \qquad (6\text{—}20)$$

式（6—20）中，V_{jt}、Y_{jt} 分别为时期 t 投入产出表中部门 j 的能源服务报酬和增加值。类似，将式（6—20）等号右端的变量取值为全国的能源服务报酬和 GDP，可获得时期 t 全国有效能源服务产出弹性的估计。

第三节 可比价能源投入产出表的编制

作为一种非常实用的数量经济分析工具，投入产出技术以棋盘式平衡表的形式清晰地反映了国民经济各部门之间错综复杂的联系，也反映了各部门的生产技术情况，这就为能源问题研究提供了一个可以追踪能源使用以及进行各行业能源效率研究的工具（陈锡康等，2011）。

鉴于没有官方发布的中国能源投入产出表，因而，需要根据相关统计资料进行编制。本研究根据中国统计局所颁布的1997年、2002年、2007年、2012年共四张全国型投入产出表以及历年《中国能源统计年鉴》的全国能源平衡表、工业分行业终端能源消耗量等统计资料，参考周平等（2011）、吴开尧等（2014）的方法编制相应年份含能源实物流量的价值型能源投入产出表。

从传统收入法的角度看，增加值由劳动者报酬、固定资产折旧、生产税净额和营业盈余四个部分组成。劳动者报酬即为劳动的收入，固定资产折旧和营业盈余即为资本的收入，而生产税净额则为劳动和资本共同创造的收入（叶裕民，2002），为此，本研究将生产税净额按劳动者报酬和固定资本折旧的比例进行拆分并分别归并到劳动者报酬和固定资本折旧中。

由于投入产出表和能源统计年鉴的部门分类不一致，参考《国民经济行业分类与代码》，以能源统计年鉴中行业部门分类为基准，编制20部门（19个非能源部门和1个能源部门）含能源实物流量的能源投入产出表。这20个部门是：（1）农林牧渔业；（2）金属矿采选业；（3）非金属矿采选业；（4）食品制造及烟草加工业；（5）纺织业；（6）纺织服装鞋帽皮革羽绒及其制品业；（7）木材加工及家具制造业；（8）造纸印刷及文教体育用品制造业；（9）化学工业；（10）非金属矿物制品业；（11）金属冶炼及压延加工业；（12）金属制品业；（13）交通设备电子电气制造业；（14）其他制造业（含废品废料回收加工业）；（15）水的生产和供应业；（16）建筑业；（17）交通运输仓储和邮电通信业；（18）批发和零售贸易餐饮业；（19）其他行业；（20）能源生产与加工业。含能源实物流量的价值型能源投入产出表的编制方法如下：首先，在原价值型投入产出表第一、第二象限的基础上，增加一行表示能源产品在各部门的投入量。对非能源部门来说，能源产品的投入量（E^{EN}）等于该部门的能源终端消费量；对能源生产与加工业而言，能源产品的投入量（E^{EE}）等于该部门的能源终端消费量（E^C）加上加工、转换的投入量（E^T）。能源产品总产出的计算遵循《中国能源统计年鉴》能源平衡统计中的生产与分配关系（周平等，2011）。其次，将能源产品在各部门的投入量（价值量）拆分为能源加工转换投入行向量（价值量）与能源服务报酬行向量（价值量），并将能源服务报酬行向量（价值量）下移到第三象限，使之作为增加值的构成部分以表示各部门使用的有效能源服务量。对非能源部门来说，不存在能源的加工转换，故能源产品投入到非能源部门用于加工转换的价值量为 0；对能源部门来说，能源产品投入到能源部门用于加工转换的价值量（Z^{EE}）为能源部门的加工、转换的投入量占该部门总能耗的比例（E^T/E^{EE}）乘以能源部门使用的能源产品价值量。对非能源部门来说，能源服务报酬（V_E^N）等于该部门使用的能源产品价值量；对于能源部门来说，能源服务报酬（V_E^E）为能源部门的终端能耗占该部门总能耗的比例（E^C/E^{EE}）乘以能源部门使用的能源产品价值量。最后，得到含能源实物流量的价值型能源投入产出表（见表6—1）。

为剔除价格变动因素的影响，进一步在现价含能源实物流量价值型能源投入产出表的基础上编制可比价含能源实物流量价值型能源投入产出表。通常采用缩减法编制可比价投入产出表，理想的价格指数缩减法是不同的指标采用相应的价格指数缩减：总产出采用该部门货物或服务的产出价格指数，中间使用采用该生产部门购买中间消耗货物或服务的购进价格指数，最终使用采用各种货物或服务的消费者价格指数、资本品价格指数、出口价格指数和进口价格指数等。但由于国家统计局目前编制的价格指数有限，难以满足分别缩减的需要，此外，鉴于能源效率主要涉及能源消耗的实物量数据和各部门的增加值数据,同时也为了避免多重缩减对投入产出表平衡性的破坏,本研究参考吴开尧等(2014)利用生产总值指数采用单缩减法对现价投入产出表进行缩减得到以 2005 年价格为基础的 1997 年、2002 年、2007 年、2012 年可比价含能源实物流量价值型能源投入产出序列表。

表 6—1　　　　含能源实物流量的价值型能源投入产出表

投入 \ 产出			中间使用		中间使用	最终使用	最终使用	最终使用	进口	其他	总产出
			非能源部门		能源部门	最终消费	资本形成总额	出口			
			农林牧渔业	…	其他服务业	能源生产与加工业						
中间投入	非能源部门	农林牧渔业	Z^{NN}			Z^{NE}	Z_F^N				Z^N
		…									
		其他服务业									
	能源部门	能源生产与加工业（实物量）	E^{EN}			E^{EE} $(= E^T + E^c)$	E^F				E
		能源加工转换投入（价值量）	O			Z^{EE}					
广义增加值		资本报酬	V_K^N			V_K^E					
		劳动者报酬	V_L^N			V_L^E					
		能源服务报酬	V_E^N			V_E^E					
总投入			X^N			X^E					

资料来源:笔者自制。

表6—1中，有如下的行、列平衡关系：

$$Z^{NN} + Z^{NE} + Z_F^N = Z^N \quad (6—21)$$

$$E^{EN} + E^{EE} + E^F = E \quad (6—22)$$

$$Z^{NN} + V_K^N + V_L^N + V_E^N = X^N \quad (6—23)$$

$$Z^{NE} + Z^{EE} + V_K^E + V_L^E + V_E^E = X^E \quad (6—24)$$

式（6—21）表示非能源部门产品（价值量）总产出的行平衡关系，式（6—22）表示能源部门能源产品（实物量）总产出的行平衡关系，式（6—23）表示非能源部门（价值量）总投入的列平衡关系，式（6—24）表示能源部门（价值量）总投入的列平衡关系。

第四节 技术溢出视角下中国宏观经济及分行业能源回弹效应的实证

一 数据来源

本章所采用的原始数据来自于国家统计局所颁布的1997年、2002年、2007年、2012年投入产出延长表共四张全国型投入产出表；能源消耗实物量数据来自于1998年、2003年、2008年、2013年《中国能源统计年鉴》的全国能源平衡表、工业分行业终端能源消耗量；历年生产总值指数的数据来自于《中国统计年鉴》。根据本章第三节的能源投入产出表的编制方法，编制得到中国1997年、2002年、2007年、2012年以2005年为基期的可比价能源投入产出表。

二 各行业能源效率分析

为对各行业的能源效率进行全面的认识，本研究从行业增加值单位能耗、直接能耗系数、完全综合能耗系数三个指标对中国各行业的能源效率情况进行时间维度（纵向）和行业间（横向）的比较分析。

(1) 中国分行业单位增加值能耗分析

表6—2列出了中国分行业的单位增加值能耗。据表6—2，从行业单位增加值能耗在行业维度上的横向比较可见，各行业单位增加值能耗在不同年份的大小排序较为稳定，能源生产与加工业、金属冶炼及压延加工业、非金属矿物制品业、化学工业、交通运输仓储和邮电通信业、造纸印刷及文教体育用品制造业占据了行业单位增加值能耗的前6位；其他行业、批发和零售贸易餐饮业、农林牧渔业、纺织服装鞋帽皮革羽绒及其制品业的行业单位增加值能耗始终较低。

从行业单位增加值能耗在时间维度上的纵向比较可见，绝大多数行业的单位增加值能耗量在1997—2012年出现了不同程度的下降，其中，降幅较大的行业有：化学工业、金属冶炼及延压加工业、能源生产与加工业；而行业单位增加值能耗排序上升最快的是建筑业、金属制品业、纺织服装鞋帽皮革羽绒及其制品业。

表6—2　　　　　中国分行业单位增加值能耗　　　　单位：吨标准煤/万元

行业	1997年 单位能耗	排序	2002年 单位能耗	排序	2007年 单位能耗	排序	2012年 单位能耗	排序
农林牧渔业	0.2367	17	0.1492	19	0.2371	15	0.1345	18
金属矿采选业	0.9055	7	0.5917	10	0.5140	9	0.4889	10
非金属矿采选业	0.6160	11	0.6211	8	0.4980	10	0.4923	9
食品制造及烟草加工业	0.6450	10	0.4545	12	0.3553	12	0.4364	11
纺织业	0.6637	9	0.7136	7	0.7900	7	0.7384	7
纺织服装鞋帽皮革羽绒及其制品业	0.1260	20	0.1769	17	0.1654	18	0.1743	17
木材加工及家具制造业	0.4615	13	0.2320	16	0.2433	14	0.2574	14
造纸印刷及文教体育用品制造业	1.2706	6	0.9081	6	1.1886	5	0.6255	8

续表

行业	1997 年 单位能耗	排序	2002 年 单位能耗	排序	2007 年 单位能耗	排序	2012 年 单位能耗	排序
化学工业	3.0018	4	2.0072	4	2.0337	4	2.0400	4
非金属矿物制品业	3.2418	3	3.8584	3	2.8675	3	2.9626	3
金属冶炼及压延加工业	9.1472	2	4.2678	2	4.1192	2	4.4262	2
金属制品业	0.3897	15	0.4833	11	0.3974	11	0.4256	12
交通设备电子电气制造业	0.4224	14	0.2520	15	0.2305	16	0.2370	15
其他制造业（含废品废料回收加工业）	0.5109	12	0.3642	13	0.1392	19	0.2575	13
水的生产和供应业	0.8246	8	0.6050	9	0.6268	8	0.8439	6
建筑业	0.1441	19	0.2694	14	0.2573	13	0.1973	16
交通运输仓储和邮电通信业	1.4278	5	0.9719	5	1.0131	6	1.2249	5
批发和零售贸易餐饮业	0.2068	18	0.1526	18	0.1891	17	0.1300	19
其他行业	0.2844	16	0.1389	20	0.1119	20	0.1061	20
能源生产与加工业	17.9078	1	10.9627	1	10.4510	1	5.7551	1

注：表中数据结果的计算中所使用的行业增加值由投入产出表按行业归并后的 2005 年不变价进行计算。

资料来源：笔者计算。

(2) 中国分行业直接能耗系数分析

行业单位增加值能耗这一指标直接反映了行业单位增加值产出的能源消耗情况，但这一指标仅仅反映了该行业产品的生产与能源产品间的关系，忽略了该行业与其他行业间的生产技术经济联系，而投入产出分析中的直接消耗系数则可以反映任何两种产品间的生产技术经济联系。为此，根据编制得到的可比价能源投入产出表，计算各行业的直接能耗系数。

令 $\bar{Z}^* = \begin{bmatrix} Z^{NN} & Z^{NE} \\ E^{EN} & E^{EE} \end{bmatrix} = \begin{bmatrix} 价值 & 价值 \\ 实物 & 实物 \end{bmatrix}$, $X^* = \begin{bmatrix} Z^N \\ E \end{bmatrix} = \begin{bmatrix} 价值 \\ 实物 \end{bmatrix}$。类似于普通投入产出表中直接消耗系数的定义,据表6—1所示的能源投入产出表,各行业的直接消耗系数矩阵计算公式如下:

$$A^* = \begin{bmatrix} A^{NN} & A^{NE} \\ A^{EN} & A^{EE} \end{bmatrix} = \begin{bmatrix} 价值 & 价值 \\ 实物 & 实物 \\ 实物 & 实物 \end{bmatrix} \quad (6—25)$$

其中,$A^{NN} = [a_{ij}^{NN}] = [z_{ij}^{NN}/x_j^N]$,$A^{NE} = [a_{ij}^{NE}] = [z_{ij}^{NE}/E]$,$A^{EN} = [a_{ij}^{EN}] = [E/x_j^N]$,$A^{EE} = [a_{ij}^{EE}] = [E^{EE}/E]$。$a_{ij}^{NN}$表示第$j$个非能源部门生产单位价值产品直接消耗的第$i$个非能源部门产品的价值;$a_{ij}^{NE}$表示第$j$个能源产品生产过程中直接消耗的第$i$个非能源部门产品的价值;$a_{ij}^{EN}$表示第$j$个非能源部门生产单位价值产品直接消耗对第$i$种能源的直接消耗量;$a_{ij}^{EE}$表示生产第$j$种能源产品对第$i$种能源的直接消耗量。由于在本研究中的非能源部门(产品)数为19个,能源部门(产品)数为1个,因此,A^{NN}、A^{NE}、A^{EN}、A^{EE}四个矩阵的维数分别为19×19、19×1、1×19、1×1。

由此,可得到直接能耗系数矩阵为$[A^{EN}, A^{EE}]$,表示单位价值的非能源产品及单位实物量的能源产品对能源的直接消耗量,结果见表6—3。

从行业直接能耗系数在行业维度上的横向比较可见,各行业直接能耗系数在不同年份的大小排序较为稳定,能源生产与加工业、金属冶炼及压延加工业、非金属矿物制品业、化学工业、交通运输仓储和邮电通信业、水的生产和供应业位居行业直接能耗系数的前列;建筑业、纺织服装鞋帽皮革羽绒及其制品业、交通设备电子电气制造业的行业直接能耗系数的排序始终较低。

从行业直接能耗系数在时间维度上的纵向比较可见,除能源生产与加工业、建筑业外,其余行业的直接能耗系数在1997—2012

年出现了不同程度的下降，这表明了中国整体经济的能源效率在不断提高。其中，降幅较大的行业有：其他制造业、交通设备电子电气制造业、金属冶炼及延压加工业、化学工业、金属矿采选业等；而行业直接能耗系数排序上升最快的是金属制品业，由 1997 年的第 17 位升至 2012 年的第 11 位。

由于能源生产与加工业包括了能源生产和能源加工转换，其中能源加工转换的最主要的中间投入产品是一次能源，且由于能源在加工转换过程中存在损失，能源投入量（折标煤）大于能源产出量（折标煤），因此，能源生产与加工业的直接能耗系数的数量级远高于非能源部门（除金属冶炼及压延加工业、非金属矿物制品业外）的直接能耗系数。

表6—3　　　　　　　　中国分行业直接能耗系数　　　　单位：吨标准煤/万元

行业	直接综合能耗系数			
	1997 年	2002 年	2007 年	2012 年
农林牧渔业	0.141 (12)	0.087 (13)	0.139 (10)	0.079 (14)
金属矿采选业	0.321 (7)	0.255 (8)	0.181 (8)	0.191 (7)
非金属矿采选业	0.277 (8)	0.289 (7)	0.195 (7)	0.217 (6)
食品制造及烟草加工业	0.179 (11)	0.141 (11)	0.087 (12)	0.084 (12)
纺织业	0.187 (10)	0.177 (9)	0.154 (9)	0.140 (9)
纺织服装鞋帽皮革羽绒及其制品业	0.039 (19)	0.043 (19)	0.037 (19)	0.037 (19)
木材加工及家具制造业	0.129 (14)	0.063 (16)	0.058 (16)	0.058 (16)

续表

行业	直接综合能耗系数			
	1997年	2002年	2007年	2012年
造纸印刷及文教体育用品制造业	0.400 (6)	0.306 (5)	0.283 (6)	0.149 (8)
化学工业	0.806 (3)	0.541 (3)	0.413 (4)	0.391 (4)
非金属矿物制品业	1.024 (2)	1.269 (1)	0.788 (2)	0.748 (2)
金属冶炼及压延加工业	1.864 (1)	1.041 (2)	0.804 (1)	0.798 (1)
金属制品业	0.091 (17)	0.114 (12)	0.083 (13)	0.084 (11)
交通设备电子电气制造业	0.119 (15)	0.063 (18)	0.044 (18)	0.045 (18)
其他制造业	0.213 (9)	0.147 (10)	0.055 (17)	0.106 (10)
水的生产和供应业	0.413 (5)	0.303 (6)	0.291 (5)	0.388 (5)
建筑业	0.041 (18)	0.063 (17)	0.060 (15)	0.052 (17)
交通运输仓储和邮电通信业	0.797 (4)	0.489 (4)	0.501 (3)	0.489 (3)
批发和零售贸易餐饮业	0.100 (16)	0.077 (15)	0.099 (11)	0.081 (13)
其他行业	0.141 (13)	0.077 (14)	0.062 (14)	0.058 (15)
能源生产与加工业	0.551	0.598	0.618	0.610

注：数值下方括号内的值表示对应的行业该项指标值在当年全行业中的排序；非能源行业的直接综合能耗系数为吨标准煤/万元，能源行业的直接综合能耗系数的单位为吨标准煤/吨标准煤；由于能源行业的直接综合能耗系数与非能源行业该指标的单位不同，因此能源行业不参与排序。

资料来源：笔者计算。

(3) 中国分行业完全综合能耗系数分析

完全能耗是指产品生产过程中对能源的直接消耗与间接消耗之和。间接消耗是产品生产过程中所消耗的各部门产品（原材料、机器设备等）中所消耗的能源之和。例如，汽车生产过程中消耗了电力、天然气等能源产品，也消耗了钢材、塑料、玻璃等非能源产品，这些非能源产品在生产过程中所消耗的能源均属于汽车的间接能耗。传统投入产出分析中的完全消耗系数矩阵可以反映任何两种产品之间的完全消耗情况，但是由于能源分为一次能源和二次能源，因此，直接使用传统投入产出分析中的完全消耗系数矩阵会造成能源产品之间的大量重复计算，为了消除这一问题，本研究的完全综合能耗系数参考陈锡康等（2011）所给出的计算方法。

对非能源产品而言，完全综合能耗系数等于直接能耗加上通过消耗非能源产品对能源的各种间接消耗，加上非能源产品消耗的能源产品在生产过程中对非能源产品的消耗中所造成的对能源的间接消耗，其计算方法如下：

$$T^{EN} = A^{EN} + (A^{EN}A^{NN} + A^{EN}A^{NE}A^{EN}) + A^{EN}(A^{NN} + A^{NE}A^{EN})^2 + \cdots$$
$$= A^{EN}(I - A^{NN} - A^{NE}A^{EN})^{-1} \qquad (6\text{—}26)$$

式（6—26）中的第一项 A^{EN} 表示非能源产品的直接综合能耗；第二项 $A^{EN}A^{NN} + A^{EN}A^{NE}A^{EN}$ 中，$A^{EN}A^{NN}$ 表示非能源产品通过消耗非能源产品对能源的消耗，$A^{EN}A^{NE}A^{EN}$ 表示非能源产品直接消耗的能源产品在生产过程中消耗的非能源产品对能源的消耗，二者之和即为非能源产品通过消耗能源和非能源产品的第一次间接综合能耗；类似，第三项表示了非能源产品通过消耗能源和非能源产品的第二次间接综合能耗。

对能源产品而言，其完全综合能耗系数等于能源产品在生产过程中直接消耗的能源与通过消耗非能源产品而产生的间接能耗，其计算方法如下：

$$T^{EE} = A^{EE} + T^{EN}A^{NE} \tag{6—27}$$

式（6—27）中，A^{EE}表示能源产品生产过程中对能源的直接消耗，$T^{EN}A^{NE}$表示能源产品生产过程中通过消耗非能源产品对能源的间接综合能耗，如石油生产过程中消耗的抽油设备等对能源的消耗。

表6—4列出了1997年、2002年、2007年、2012年各行业的完全综合能耗系数。从行业完全综合能耗系数在行业维度上的横向比较可见，各行业完全综合能耗系数在不同年份的大小排序较为稳定，金属冶炼及压延加工业、非金属矿物制品业、金属制品业、化学工业占据了行业完全综合能耗系数的前4位；其他行业、批发和零售贸易餐饮业、农林牧渔业的完全综合能耗系数始终较低。

从行业完全综合能耗系数在时间维度上的纵向比较可见，除能源生产与加工业、木材加工及家具制造业、水的生产和供应业外，其余行业的直接能耗系数在1997—2012年出现了不同程度的下降，这表明了中国整体经济的能源效率在不断提高。其中，降幅较大的行业有：金属冶炼及延压加工业、化学工业、金属制品业、非金属矿物制品业；而行业直接能耗系数排序上升最快的是水的生产和供应业、纺织业、建筑业、纺织服装鞋帽皮革羽绒及其制品业。

表6—4　　　　　　中国分行业完全综合能耗系数　　　单位：吨标准煤/万元

行业	完全综合能耗系数			
	1997年	2002年	2007年	2012年
农林牧渔业	0.512 (19)	0.339 (19)	0.392 (17)	0.255 (18)
金属矿采选业	1.061 (9)	0.627 (12)	0.538 (15)	0.471 (13)
非金属矿采选业	0.884 (12)	0.725 (9)	0.632 (10)	0.522 (11)

续表

行业	完全综合能耗系数			
	1997年	2002年	2007年	2012年
食品制造及烟草加工业	0.687 (16)	0.499 (16)	0.461 (16)	0.340 (16)
纺织业	0.862 (13)	0.713 (10)	0.719 (9)	0.543 (10)
纺织服装鞋帽皮革羽绒及其制品业	0.661 (17)	0.549 (15)	0.544 (14)	0.429 (15)
木材加工及家具制造业	0.888 (11)	0.554 (14)	0.561 (12)	0.448 (14)
造纸印刷及文教体育用品制造业	1.228 (7)	0.891 (6)	0.945 (5)	0.665 (8)
化学工业	1.869 (3)	1.268 (3)	1.085 (3)	0.907 (4)
非金属矿物制品业	2.013 (2)	2.022 (2)	1.494 (2)	1.294 (2)
金属冶炼及压延加工业	3.634 (1)	2.097 (1)	1.752 (1)	1.555 (1)
金属制品业	1.799 (4)	1.176 (4)	1.035 (4)	0.908 (3)
交通设备电子电气制造业	1.360 (5)	0.844 (8)	0.829 (7)	0.703 (7)
其他制造业	1.014 (10)	0.711 (11)	0.561 (11)	0.516 (12)
水的生产和供应业	0.832 (14)	0.593 (13)	0.548 (13)	0.595 (9)
建筑业	1.226 (8)	0.895 (5)	0.939 (6)	0.765 (6)
交通运输仓储和邮电通信业	1.320 (6)	0.851 (7)	0.813 (8)	0.770 (5)
批发和零售贸易餐饮业	0.565 (18)	0.362 (18)	0.357 (18)	0.215 (19)

续表

行业	完全综合能耗系数			
	1997年	2002年	2007年	2012年
其他行业	0.691 (15)	0.386 (17)	0.350 (19)	0.271 (17)
能源生产与加工业	0.694	0.751	0.778	0.632

注：数值下方括号内的值表示对应的行业该项指标值在当年全行业中的排序；非能源行业的完全综合能耗系数的单位为吨标准煤/万元，能源行业的完全综合能耗系数的单位为吨标准煤/吨标准煤；由于能源行业的完全综合能耗系数与非能源行业该指标的单位不同，因此能源行业不参与排序。

资料来源：笔者计算。

综上，从各行业的直接能耗系数和完全综合能耗系数看，各行业的完全综合能耗系数均大于该行业的直接能耗系数。这一结果表明，中国各行业之间的能源消耗存在技术溢出效应，这是因为，各产业之间的完全关联关系和技术进步的外部性，使一个行业能源效率的提高不仅会影响本行业的能源消耗与产业经济的增长，同时也会对其上、下游行业的能源消耗与产业发展产生影响。因此，在分析各行业的能源回弹效应时，需要考虑其外溢效应，即完全效应。

进一步，将表6—3和表6—4各行业的直接能耗系数和完全能耗系数进行详细比较，计算各行业在同一年份完全能耗系数与直接能耗系数之比。结果见表6—5。

表6—5 中国分行业直接能耗系数与完全综合能耗系数比较结果

行业	1997年		2002年		2007年		2012年	
	完全能耗/ 直接能耗	排序	完全能耗/ 直接能耗	排序	完全能耗/ 直接能耗	排序	完全能耗/ 直接能耗	排序
农林牧渔业	3.622	11	3.905	10	2.821	14	3.236	11
金属矿采选业	3.307	12	2.460	14	2.972	13	2.473	13
非金属矿采选业	3.193	13	2.508	13	3.235	12	2.399	14

续表

行业	1997年 完全能耗/直接能耗	排序	2002年 完全能耗/直接能耗	排序	2007年 完全能耗/直接能耗	排序	2012年 完全能耗/直接能耗	排序
食品制造及烟草加工业	3.842	10	3.535	11	5.328	8	4.059	9
纺织业	4.611	9	4.031	9	4.663	9	3.884	10
纺织服装鞋帽皮革羽绒及其制品业	16.819	3	12.628	3	14.738	3	11.514	3
木材加工及家具制造业	6.888	5	8.757	5	9.705	6	7.677	5
造纸印刷及文教体育用品制造业	3.072	14	2.917	12	3.336	11	4.467	8
化学工业	2.318	15	2.347	15	2.626	15	2.318	15
非金属矿物制品业	1.965	17	1.594	19	1.896	17	1.730	17
金属冶炼及压延加工业	1.950	18	2.014	16	2.178	16	1.949	16
金属制品业	19.779	2	10.279	4	12.514	4	10.759	4
交通设备电子电气制造业	11.464	4	13.468	2	18.784	1	15.679	1
其他制造业（含废品废料回收加工业）	4.762	8	4.826	7	10.193	5	4.879	6
水的生产和供应业	2.016	16	1.958	17	1.882	18	1.536	19
建筑业	29.597	1	14.168	1	15.772	2	14.601	2
交通运输仓储和邮电通信业	1.655	19	1.742	18	1.622	19	1.575	18
批发和零售贸易餐饮业	5.646	6	4.736	8	3.596	10	2.664	12
其他行业	4.891	7	4.976	6	5.643	7	4.629	7
能源生产与加工业	1.259	—	1.257	—	1.260	—	1.035	—

注：非能源行业的完全综合能耗系数的单位为吨标准煤/万元，能源行业的完全综合能耗系数的单位为吨标准煤/吨标准煤；由于能源行业的完全综合能耗系数与非能源行业该指标的单位不同，因此能源行业不参与排序。

注："—"表示能源生产与加工业不参与排序。

资料来源：笔者计算。

从表6—5可以看出，建筑业、金属制品业、纺织服装鞋帽皮革羽绒及其制品业、交通设备电子电气制造业的完全综合能耗系数远高于其直接能耗系数，这些行业尽管直接能耗并不太高，但是由于这些行业还需要消耗大量其他能源密度大的中间产品作为其投入品，因此导致了这些行业的完全综合能耗系数远高于其直接能耗系数。如建筑业，其本身的直接能耗并不高，但由于该行业需要使用大量的钢材及化工材料，因此建筑业的完全能耗系数很大。这也进一步说明，在进行能源回弹效应分析时，不能忽视行业之间的技术溢出效应。

三 各行业要素产出弹性的估计结果

根据含能源实物流量的价值型能源投入产出可比较序列表，类似式（6—17），可以通过计算资本、劳动力、有效能源服务的收入份额获得行业及整体经济各要素的产出弹性，表6—6列出了1997年、2002年、2007年、2012年中国分行业及整体经济的要素产出弹性，其中α、β、γ分别表示资本、劳动力、有效能源服务的产出弹性。

能源产出弹性大小反映了生产过程中当其他要素投入不变的情况下，能源要素投入的相对变化所引起的产出的相对变化，表明了生产中产出变动对能源要素投入量变动的敏感程度，可以用来评价能源投入的转化效果，也体现了能源要素在生产中的重要程度。以2012年金属冶炼及延压加工业为例，其能源产出弹性为0.4238，这意味着在其他要素投入不变的情况下，能源服务投入增加1%，行业增加值增加约0.42%。

从整体经济的有效能源服务的产出弹性在时间维度的纵向比较来看，整体经济的能源产出弹性[1]呈现出上升的趋势，从1997年的

---

[1] 尽管这里的能源产出弹性中能源投入采用的是价值量数据，第五章采用的是实物量数据，但从全国的层面看，这一能源产出弹性结果与第五章中半参数个体固定效应空间滞后模型得到的能源产出弹性结果大体一致，这表明了本研究所选用的方法较为稳健。

表6—6　中国分行业要素产出弹性

行业	1997年 α	1997年 β	1997年 γ	2002年 α	2002年 β	2002年 γ	2007年 α	2007年 β	2007年 γ	2012年 α	2012年 β	2012年 γ
农林牧渔业	0.0889	0.8833	0.0278	0.1616	0.7984	0.0400	0.0485	0.9216	0.0299	0.0454	0.9249	0.0297
金属矿采选业	0.3047	0.4647	0.2306	0.3005	0.4029	0.2966	0.3040	0.3148	0.3812	0.3225	0.3095	0.3681
非金属矿采选业	0.2642	0.5688	0.1669	0.2580	0.5843	0.1578	0.3543	0.4034	0.2423	0.3166	0.3865	0.2969
食品制造及烟草加工业	0.4696	0.4824	0.0480	0.4679	0.4837	0.0485	0.4449	0.4871	0.0679	0.4247	0.5026	0.0727
纺织业	0.4414	0.5119	0.0467	0.3467	0.5440	0.1093	0.3943	0.4665	0.1392	0.3238	0.5635	0.1127
纺织服装鞋帽皮革羽绒及其制品业	0.3279	0.6565	0.0156	0.3945	0.5648	0.0406	0.3264	0.6087	0.0649	0.2580	0.6618	0.0803
木材加工及家具制造业	0.3545	0.5675	0.0780	0.3782	0.4974	0.1244	0.3759	0.5000	0.1241	0.3318	0.4804	0.1878
造纸印刷及文教体育用品制造业	0.3340	0.5634	0.1026	0.3803	0.5343	0.0854	0.4346	0.4415	0.1239	0.3844	0.4555	0.1601
化学工业	0.3504	0.4052	0.2443	0.3547	0.3599	0.2854	0.3285	0.2484	0.4231	0.2934	0.2861	0.4204
非金属矿物制品业	0.2909	0.4435	0.2656	0.2220	0.4936	0.2844	0.3178	0.3276	0.3546	0.2822	0.2735	0.4443
金属冶炼及压延加工业	0.2235	0.4093	0.3672	0.2881	0.3962	0.3157	0.3563	0.2704	0.3734	0.3045	0.2716	0.4238
金属制品业	0.3121	0.5284	0.1595	0.3352	0.4866	0.1783	0.3957	0.3781	0.2262	0.3241	0.3944	0.2816
交通设备电子电气制造业	0.4160	0.5138	0.0702	0.4006	0.5171	0.0824	0.4345	0.4629	0.1027	0.3890	0.5022	0.1088
其他制造业（含废品废料回收加工业）	0.6061	0.3444	0.0496	0.6107	0.3381	0.0512	0.7042	0.2490	0.0468	0.6579	0.2884	0.0537
水的生产和供应业	0.4080	0.2978	0.2942	0.3486	0.3766	0.2748	0.3295	0.3585	0.3121	0.3143	0.3255	0.3601
建筑业	0.2067	0.6813	0.1120	0.3180	0.5364	0.1456	0.3286	0.5419	0.1294	0.2647	0.6599	0.0754
交通运输仓储和邮电通信业	0.4755	0.3723	0.1522	0.4778	0.3434	0.1789	0.5389	0.2190	0.2421	0.4257	0.3073	0.2671
批发和零售贸易餐饮业	0.3102	0.6439	0.0460	0.3007	0.6396	0.0597	0.5611	0.3915	0.0473	0.4464	0.5212	0.0324
其他行业	0.3353	0.6065	0.0582	0.4164	0.5405	0.0431	0.4760	0.4734	0.0506	0.4061	0.5496	0.0443
能源生产与加工业	0.5163	0.3904	0.0933	0.5313	0.3844	0.0843	0.5224	0.3352	0.1423	0.4552	0.3994	0.1454
整体经济	0.3159	0.5860	0.0981	0.3670	0.5263	0.1067	0.4116	0.4387	0.1497	0.3544	0.4960	0.1496

资料来源：笔者自制。

0.0981 增长至 2012 年的 0.1496。

从有效能源服务的产出弹性在行业维度的横向比较来看，金属冶炼及延压加工业、非金属矿物制品业、化学工业、金属矿采选业、水的生产与供应业、金属制品业、交通运输仓储和邮电通信业、非金属矿采选业的能源产出弹性较大，均排在了各年份全部行业的前 8 位。而农林牧渔业、批发和零售贸易餐饮业、其他行业、纺织服装鞋帽皮革羽绒及其制品业、食品制造及烟草加工业、其他制造业的能源产出弹性较小。

四 中国整体经济能源消耗量变动的 LMDI 分解实证结果

由式（6—5）—式（6—8）的 LMDI 分解式，可对中国整体经济能源消耗量的变动进行效应分解，以对给定时期内能源消耗变动的总效应分解为各影响因素效应。表 6—7 列出了中国整体经济能源消耗量变动效应的 LMDI 乘法分解结果。

从整体经济能源消耗量变动的总效应看，中国存在着能源回弹效应现象，并且 1997—2002 年、2002—2007 年、2007—2012 年整体经济的回弹效应值处在 12.30%—15.50% 的较低水平。这一结果低于周勇和林源源（2007）测算得到的结果（30%—80%），与刘宇等（2016）测算得到的 9.60%—27.90% 的回弹区间相吻合。中国整体经济在 1997—2012 年整个样本期的能源回弹效应值也不高，仅为 17.93%，这意味着 1997—2012 年由于能效改善所获得的理论节能量只有不到 18% 会被因能效提高产生的能源新需求所抵消，提高能源效率所节约的能源消耗量明显大于由于能源效率提高所致的能源新需求。因此，中国整体经济能效的改善并没有产生高的能源回弹效应，提高能源效率仍然具有积极的节能意义。

从中国整体经济能源消耗量的 LMDI 分解结果可进一步厘清能耗攀升的驱动因素。从整体经济能源消耗量变动的总效应看，

1997—2012年能源消耗量变动的总效应为263.50%，即2012年中国整体经济的能源消耗量是1997年能源消耗量的2.63倍。其中，1997—2002年、2002—2007年、2007—2012年的总效应分别为105.28%、182.03%、137.49%，可见2002—2007年、2007—2012年的能源消耗增长速度都高于1997—2002年能源消耗的增速，这也体现了中国自2002年起工业化的加速发展快速拉动能源需求阶段性变化的特征。

从能源强度效应看，1997—2012年整体经济能源消耗量变动的能源强度效应为55.47%，即整体经济能源强度的下降抑制了能源消耗量的增长，且在产业结构、经济规模不变的条件下，能源强度下降获得的能源节约量为1997年能源消耗量的44.53%。其中，1997—2002年、2002—2007年、2007—2012年的能源强度效应分别为65.51%、86.41%、99.57%，即能源强度的变动对能源消耗量增长的抑制力不断下降。这是因为，在经济发展的过程中，随着能源效率改善潜能的逐步释放，进一步提高能源效率愈发困难。因此，加快绿色可再生能源的开发与利用，将是突破资源、环境制约和可持续发展的重要手段。

从产业结构效应看，1997—2012年整体经济能源消耗量变动的产业结构效应为111.28%，即整体经济产业结构的变化拉升了能源消耗量，且在各行业能源强度、经济规模不变的条件下，产业结构变化所致的能源增长量为1997年能源消耗量的11.28%。其中，1997—2002年、2002—2007年、2007—2012年的产业结构效应分别为101.65%、117.16%、91.06%，即产业结构的变动对整体经济能源消耗的变动由拉升作用转向抑制作用。当前，中国的第三产业产值占GDP的比重不到50%，不仅远低于美国第三产业产值占GDP的比重，甚至比同属亚洲的日本和韩国都低。这也表明中国通过产业结构优化与升级的节能潜力巨大，应当加快低能耗高附加值的绿色服务业的发展，同时，淘汰一些高能耗重污染的落后产业。

从经济规模效应看，1997—2012年整体经济能源消耗变动的经济规模效应为426.90%，即整体经济规模的扩张拉升了中国整体经济的能源消耗量，且在各行业能源强度、产业结构不变的条件下，经济规模增长所致的能源增长量为1997年能源消耗量的3.26倍。其中，1997—2002年、2002—2007年、2007—2012年的经济规模效应分别为158.10%、179.80%、151.65%，即经济规模的扩张对整体经济能源消耗的拉升作用始终较大。这一结果进一步说明了粗放式的经济高速增长是中国能源消耗量急剧增长的重要原因之一，因此，政府在制定经济发展规划时，可以适当弱化经济增长速度目标，强化完善生态文明的绿色低碳发展方式。

表6—7 整体经济能源消耗量变动的LMDI分解

	能源回弹效应	能源强度效应	产业结构效应	经济规模效应
1997—2002年	14.89	65.51	101.65	158.10
2002—2007年	12.30	86.41	117.16	179.80
2007—2012年	15.50	99.57	91.06	151.65
1997—2012年	17.93	55.47	111.28	426.90

资料来源：笔者计算。

五　中国分行业能源回弹效应实证结果

根据本章第三节所给出的基于可比价能源投入产出表的能源回弹效应测算方法，可以计算得到分行业的能源回弹效应值，计算结果见表6—8，可见测算结果较为稳健。

从表6—8中的能源回弹效应的存在性来看，各行业在不同程度上存在能源回弹效应的现象，但并非所有年份都会出现回弹效应。

表6—8　分行业能源回弹效应值

行业	1997—2002年 回弹量（万吨）	1997—2002年 理论节能量（万吨）	1997—2002年 回弹效应（%）	2002—2007年 回弹量（万吨）	2002—2007年 理论节能量（万吨）	2002—2007年 回弹效应（%）	2007—2012年 回弹量（万吨）	2007—2012年 理论节能量（万吨）	2007—2012年 回弹效应（%）	1997—2012年 回弹量（万吨）	1997—2012年 理论节能量（万吨）	1997—2012年 回弹效应（%）
农林牧渔业	0.01	0.15	4.46	×	×	×	0.01	0.27	5.34	0.01	0.18	4.96
金属矿采选业	0.01	0.02	38.61	0.00	0.01	38.81	×	×	×	0.01	0.02	60.60
非金属矿采选业	0.00	0.00	×	0.00	0.01	21.87	0.00	0.00	24.32	0.00	0.02	22.79
食品制造及烟草加工业	0.01	0.09	6.82	0.00	0.05	6.33	×	×	×	0.01	0.13	8.69
纺织业	×	×	×	0.00	0.00	4.46	0.00	0.01	14.43	×	×	×
纺织服装鞋帽皮革羽绒及其制品业	0.00	0.02	16.34	×	×	×	×	×	×	0.00	0.02	14.48
木材加工及家具制造业	0.01	0.06	14.08	×	×	×	0.04	0.18	23.39	0.02	0.11	21.20
造纸印刷及文教体育用品制造业	0.20	0.53	38.64	0.08	0.24	34.89	×	×	×	0.31	0.67	46.14
化学工业	×	×	×	0.12	0.28	42.43	×	×	×	0.08	0.23	33.80
非金属矿物制品业	0.61	0.84	72.78	0.08	0.21	35.72	×	×	×	0.71	0.91	78.91
金属冶炼及压延加工业	×	×	×	0.00	0.02	23.02	×	×	×	×	×	×
金属制品业	0.02	0.14	11.93	0.00	0.03	9.21	×	×	×	0.02	0.15	12.66
交通设备电子电气制造业	0.00	0.03	6.97	0.01	0.05	13.33	×	×	×	0.00	0.05	9.89
其他制造业	0.00	0.00	39.03	0.00	0.00	27.96	×	×	×	×	×	×
水的生产和供应业	×	×	×	0.00	0.01	14.96	0.01	0.07	16.13	×	×	×
建筑业	0.05	0.22	23.09	0.01	0.04	18.59	×	×	×	0.03	0.15	19.71
交通运输仓储和邮电通信业	0.00	0.04	6.32	×	×	×	0.01	0.11	6.71	0.00	0.06	7.13
批发和零售贸易餐饮业	0.02	0.18	11.73	0.00	0.09	5.39	0.00	0.02	5.28	0.03	0.23	15.32
其他行业	0.11	0.65	16.85	0.04	0.39	11.20	0.02	0.15	15.21	0.21	0.88	23.92
能源生产与加工业												

注："×"表示因能源效率无改善而未能产生能源回弹效应；因篇幅所限，本表只保留了小数点后2位数字。

资料来源：笔者计算。

这是因为如果行业的能源效率没有改善，则表明该行业在这一时期能源利用的技术水平没有进步，因此缺乏形成能源回弹效应的前提条件。例如，非金属矿采选业在1997—2002年由于能源消耗增速高于行业增加值增速，能源效率不升反降，因此该行业这一时期也就不存在能源回弹效应。

从1997—2012年看，多数行业的能源效率有改善且存在能源回弹效应，但能源回弹效应在行业间的大小差异明显，具有典型的行业异质性。金属冶炼及压延加工业的能源回弹效应最大，高达78.91%，金属矿采选业、化学工业、非金属矿物制品业、能源生产与加工业、非金属矿采选业、造纸印刷及文教体育用品制造业的能源回弹效应均高于20%，在节约能源使用的同时，这些行业能源效率的提高也由于高能源回弹效应而导致节能效果被大打折。纺织业、纺织服装鞋帽皮革羽绒及其制品业、金属制品业、水的生产与供应业、建筑业无法形成能源回弹效应，原因是这些行业的技术进步多为劳动偏向型的技术进步，先进的机器作业在有效减少低技术劳动投入时间的同时，也因行业生产日趋机械化、自动化而增加了动力的能源消耗。农林牧渔业、食品制造及烟草加工业、木材加工及家具制造业、交通设备电子电气制造业、其他制造业、交通运输仓储和邮电通讯业、批发和零售贸易餐饮业、其他行业的能源效率有提高并且能源回弹效应也较低，这些行业能源效率的改善对行业本身的节能效果较为显著。

按投入产出表的时间节点将1997—2012年划分为三个阶段进行分析：①1997—2002年，多数行业存在能源回弹效应，金属冶炼及压延加工业、水的生产和供应业、化学工业、金属矿采选业、交通运输仓储和邮电通信业的能源效率有改善但能源回弹效应较高，均超过20%；农林牧渔业、食品制造及烟草加工业、其他制造业、批发和零售贸易餐饮业能源效率有改善且能源回弹效应较低，均低于 10%。这一时期中国的能源效率有较大的提高,虽然亚洲金融危机所致的经济萎缩对能源回弹效应有所缓解,但随后为实现经济"软着陆"的积极财政政策也促使了产业结构的大规模调整,重工业化和高加工度化发展阶段的开启还是增加了能源的新需求。② 2002—2007 年,多数行业存在能源回弹效应,但普遍较 1997—2002 年这一时期所出现的回弹效应低,高能源回弹效应的行业主要有非金属矿物制品业、金属矿采选业、金属冶炼及压延加工业、化学工业、水的生产和供应业、金属制品业、非金属矿采选业,能源回弹效应低于 10% 的行业有食品制造及烟草加工业、纺织服装鞋帽皮革羽绒及其制品业、交通设备电子电气制造业、其他行业。这一时期尽管中国的工业化发展开启了探索"新型工业化"道路的新时期,但重工业化的趋势不仅没有得到扭转,甚至还在逐步加强,因此这一时期虽然能源效率普遍改善,但也产生了一定的能源回弹。③2007—2012 年,超过半数的行业由于能源效率没有提高而没能形成能源回弹效应,只有非金属矿采选业、造纸印刷及文教体育用品制造业的能源回弹效应高于 20%。能源效率在经过前两个时期的显著提升后,这一时期要进一步提高能源效率愈发困难,而且中国工业化发展正处于中期阶段之末并即将步入工业化后期的关键阶段,因此,以高消耗、不注重质量的粗放式增长为特征的第二产业普遍因为能效无改善而未见能源回弹。

(1) 尽管高能耗行业常会由于较高的能源回弹效应而淡化能效改善所带来的节能效果,但是在整体节能上,高能耗行业地位举足轻重。金属冶炼及压延加工业、金属矿采选业、化学工业、非金属矿物制品业是 1997—2012 年能源回弹效应最高的四个行业,均属于典型的高能耗行业,但值得注意的是,它们也是这个时期完全综合能耗系数降幅最大的四个行业,这四个行业 2012 年每万元产出的综合能源消耗分别比 1997 年减少 2.079、0.590、0.962、0.719

吨标准煤。这些行业的能源技术进步效果是显著的，只是工业化发展的任务加剧了行业需求规模的扩张，进而形成了高的能源回弹效应，但随着工业化的实现与产业结构的优化，能源回弹效应也将随之下降。

（2）未形成能源回弹效应的行业并不意味着低的能源消耗。1997—2012年建筑业、金属制品业由于单位增加值能耗不降反升，能源技术无进步从而缺乏形成能源回弹效应的条件，它们的直接综合能耗系数也不高，但它们却是拉动能源消耗不可忽视的"潜在"行业（如图6—3所示）。2012年建筑业、金属制品业的完全综合能耗系数分别为0.765、0.908，直接综合能耗系数分别为0.052、0.084，完全综合能耗系数是直接综合能耗系数的十多倍，即这些行业尽管直接能耗并不太高，但是由于这些行业还需要消耗大量其他能源密度大的中间产品作为其投入品，因此，它们的间接能耗较大。如建筑业，其本身的直接能耗并不高，但由于该行业需要使用大量的化工材料、非金属矿产品、钢材等能源密度大的中间产品，导致了建筑业成了拉动能源消耗的重要间接行业。

（3）低能耗行业的能源回弹效应普遍较低。批发与零售贸易餐饮业、农林牧渔业、其他行业、食品制造与加工业、木材加工及家具制造业等行业的直接能耗系数与完全能耗系数都较低，能源要素所占的比重较低，它们对于能源要素的依赖相对较低，能源效率与能源价格的变化对这些行业的生产影响较弱。此外，这些行业主要是第一、第三产业和第二产业中的轻工业，其产品主要是作为最终产品被消费者所使用，因此，提高这些行业的能源效率通常不会诱发整体经济的高能源回弹效应。

（4）存在能源回弹效应的能源生产与加工业仅具有经济意义上的能源效率改善，物理意义上的能源效率并没有显著的提高。由于能源生产与加工业单位增加值能耗中能源产品的增加值受能源价格的影响较大，而只使用能源实物单位计算的综合能耗系数则不受能源价格的影响，因此，该行业的单位增加值能耗逐年下降并不意味着能源生产与加工转换的物理效率也有提高。事实上，能源生产与加工业单位增加值能耗是逐年下降的，但直接综合能耗与完全综合能耗直至2007—2012年才有所下降。直接综合能耗与完全综合能耗在2007年最高，分别为0.618与0.778，即2007年每吨标准煤的能源总产出分别伴随着0.618、0.778吨标准煤的直接消耗与完全消耗在加工转换过程损失。

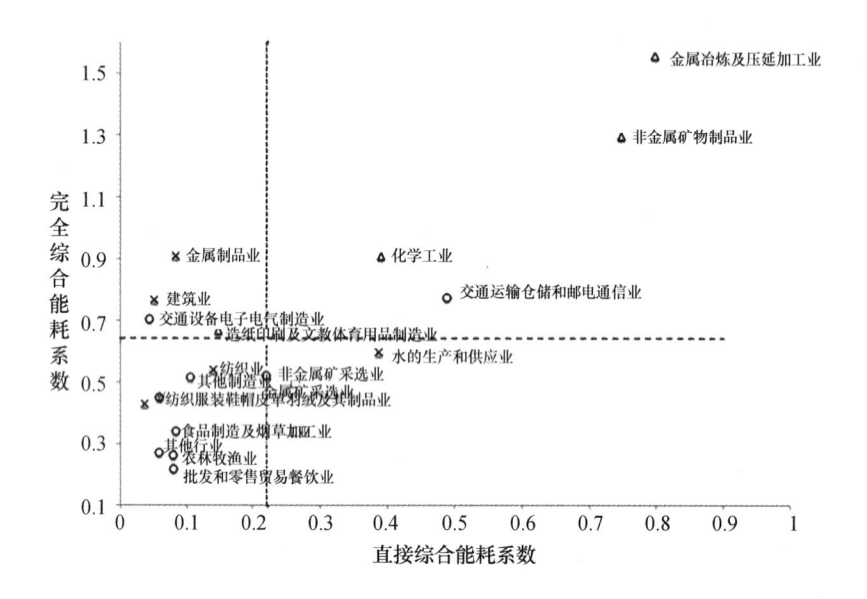

图6—3　2012年直接综合能耗系数—完全综合能耗系数行业散点图

注：虚线对应的刻度为各行业的平均值；"△""○""×"分别表示1997—2012年能源回弹效应高于20%、低于20%、不存在。

资料来源：笔者绘制。

综上，行业能源回弹效应取决于行业的能效提高幅度和能效提高所带来的行业产出增长幅度两个方面，而经济系统中各行业在产业链条中所处的位置与功能的差异决定了行业的能耗成本在其生产成本中所占的比重，能耗强度也各异。此外，行业所处的国内外经济环境、行业政策和要素市场政策等也会通过影响行业的生产成本、要素替代率和能源相对价格来影响行业能源技术效率变化的方向与大小，从而造成能耗改善与能源回弹程度迥异的行业异质性。

第五节 小结

本章针对现有文献测算回弹效应忽略经济部门技术溢出效应的缺憾，从整个社会经济系统综合联系的角度，给出一种基于能源投入产出序列表的回弹效应稳健测算方法。通过编制中国1997年、2002年、2007年、2012年的含能源实物流量的价值型能源投入产出可比较序列表，测算出中国各行业及整体经济的能源回弹效应。分析结果表明：

(1) 中国各部门之间的能源消耗存在技术溢出效应。这一结果表明某一个行业能源效率的提高不仅会影响本行业的能源消耗与产业经济的增长，同时也会对其上、下游行业的能源消耗与产业发展产生影响。因此，在分析各行业的能源回弹效应时，需要考虑其技术外溢效应。

(2) 中国的能源强度存在显著的行业异质性。中国能源强度高的行业主要集中在能源生产与加工业、金属冶炼及压延加工业、非金属矿物制品业、化学工业、交通运输仓储和邮电通信业、造纸印刷及文教体育用品制造业这6大行业，批发和零售贸易餐饮业、农林牧渔业等行业的能源强度较低。以2012年为例，金属冶炼及压延加工业的能源强度是批发和零售贸易餐饮业能源强度的34.05倍。因此，应着力提高这些高能源强度行业的能源效率。

(3) 建筑业、金属制品业、纺织服装鞋帽皮革羽绒及其制品业、交通设备电子电气制造业的完全综合能耗系数远高于其直接能耗系数。以1997年建筑业为例，其直接能耗系数仅为0.041吨标准煤/万元，但完全综合能耗系数为1.226吨标准煤/万元，是直接能耗系数的26.597倍。这些行业的直接能耗并不算太高，但由于在生产过程中需要大量高能耗产品作为其中间投入，从而这些行业的完全综合能耗系数远高于其直接能耗系数。因此，政府应当降低在这些行业的投资比例。

（4）金属冶炼及延压加工业、非金属矿物制品业、化学工业、水的生产与供应业、交通运输仓储和邮电通信业、能源生产与加工业的行业产出对于能源服务的投入较为敏感。由于这些行业主要集中在制造业、化工业和交通运输业，地方政府出于GDP增长的考虑，可能会动用行政手段优先发展这些行业，同时由于这些行业的发展对能源要素具有较高的依赖性，这种主要依靠能源要素积累，尤其是高能耗推动高增长的增长方式会进一步扭曲资源的配置。因此，中央和地方政府必须改变现有的粗放式增长方式，防止能源资本化对能源效率造成负面的冲击。

（5）能源在现代经济社会中的要素地位愈发重要。从整体经济的能源产出弹性看，由1997年的0.0981增长至2012年的0.1496，呈现出明显的上升趋势。因此，国家在投资战略方面，应当从以前的基础设施投资转向能源基础设施和能源技术领域投资，既能确保能源安全，又拉动经济增长，同时加快构建全面的能源安全战略以应对日益增长的能源需求。

（6）整体经济能源强度样本期内的下降抑制了中国整体经济能源消耗的增长，但1997—2002年、2002—2007年、2007—2012年的能源强度的变动对整体经济能源消耗增长的抑制力不断下降。因此，提高能源效率，转变能源结构仍将是中国突破资源环境制约和可持续发展的根本对策。

（7）整体经济产业结构样本期内的变化拉升了中国整体经济的

能源消耗量，但产业结构的变动对整体经济能源消耗的变动由拉升作用开始转向抑制作用。2012年，中国的第三产业占GDP的比重不到50%，不仅远低于美国第三产业占GDP的比重（75%），甚至比同属亚洲的日本和韩国都低。这也表明中国通过产业结构优化与升级的节能潜力巨大，应当加快低能耗高附加值的绿色服务业的发展，同时，淘汰一些高能耗重污染的落后产业。

（8）整体经济规模样本期内的扩张拉升了中国整体经济的能源消耗量，且拉升作用具有增大的态势。这一结果进一步说明了粗放式的经济高速增长是中国能源消耗量急剧增长的重要原因之一，因此，政府在制定经济发展规划时，应当弱化经济增长目标，强化完善生态文明的绿色低碳发展方式。

（9）各行业在不同程度上都存在能源回弹效应的现象，但并非所有年份都会出现回弹效应，其原因是能源效率无改善。如金属矿采选业在2007—2012年能源消耗增速高于行业增加值增速，能源效率不升反降，从而缺乏形成能源回弹效应的前提条件。值得注意的是，各行业及经济整体的均没有出现超节能和回火的情形，1997—2002年、2002—2007年、2007—2012年整体经济的能源回弹效应并不高，基本稳定在12%—16%，1997—2010年整体经济的能源回弹效应也仅为17.93%。因此，样本期内中国整体经济的能源回弹效应并不高，不必过于担忧由于能源效率改善所致的回弹效应而造成能源消耗量骤增的问题。

（10）尽管各行业均在不同程度上存在着能源回弹效应，但由于没有出现回火的情形，这意味着尽管经济增长增加了对能源的消耗，但所增加的能源消耗量还是低于能源效率提高所节约的能源量，因此，能源效率的改善仍然具有积极的节能意义。尤其是对于农林牧渔业、其他制造业、批发和零售贸易餐饮业、食品制造及烟草加工业等低能源回弹效应行业和纺织服装鞋帽皮革羽绒及其制品业、金属制品业、建筑业等这些无能源回弹效应的行业，提高这些行业的能源效率即使会出现能源回弹效应，但只要是在低水平范围内的能源回弹效应仍然具有积极的节能降耗意义。

（11）1997—2012年能源回弹效应较高的行业为金属冶炼及压延加工业、金属矿采选业、化学工业，这三个行业的能源回弹效应都超过了45%；其次是能源生产与加工业、非金属矿物制品业、非金属矿采选业。因此，对于这些高能源回弹效应的行业在提高其能源效率的同时也要加强对这些行业发展速度的管控，重点关注并提升这些行业的生产质量。

上述结论的政策含义是明确的，主要体现在以下五个方面。

（1）提高能源效率仍将是未来很长时期重要的节能降耗手段。尽管能源效率的改善可能会引起能源回弹效应，但由于中国整体经济的能源回弹效应并不高，提高能源效率并不会因单位产出的能源成本下降而增加过多的能源新需求，尤其是当前中国正处于经济下行期，提高能源效率引发整体经济规模大扩张而产生高能源回弹的潜在风险微乎其微，总体而言，能源效率的改善有助于中国的能源节约，提高能源效率仍将继续是中国突破资源环境制约和可持续发展的关键对策。对于非能源行业，政府可通过税收减免、缓征等优惠政策鼓励企业采取节能技术改造、安装环保设备等自主节能减排措施来提高能源效率；对于能源行业，应加大对发电厂改造技术、智能电网与输电技术、储能技术等的研发投入来提高能源生产、转换与传输的效率。

（2）把产业结构的优化升级作为节能减排的根本途径。工业是中国能源消耗的主要部门，工业能耗约占全国能耗总量的70%。尽管近年来产业结构有所改善，第三产业占比逐年增加，但是整个经济体系低能耗、低碳化的绿色发展步伐还较慢。当前，第三产业占GDP的比重与发达国家还有较大差距，这也表明了中国在产业结构的调整与优化方面还有很大的节能潜力与空间。因此，应当顺应产业结构演进的客观规律，把积极培育战略性新兴产业、加快发展低能耗高附加值的绿色服务业作为推进现代产业体系发展的重要突破口，建立起以优化产业结构为根本途径的清洁发展长效机制。如围绕"互联网+"积极拓展新的经济增长点和新动能，促进经济体系向低能耗的绿色经济发展。

（3）强化能源消耗强度和能源消耗总量双控制的节能措施。在农业经济时代和工业化进程的前期，居民的消费水平还比较低，农业和居民的直接能源消耗很少，能源和环境对经济发展的约束尚不明显，但随着工业化和城市化的不断推进，人口增长、居民消费水平升级促使居民的直接能源消耗大幅上升，工业能源消耗量更是迅速攀升，节能减排压力日益凸显。尽管能源消耗强度是产值能耗高低的重要指标，但这一指标依赖于 GDP 的水平，中国能源强度的逐年下降只表明了 GDP 的增长速度高于能源消耗总量的增长速度，这客观上无法改变当前能源消耗总量急剧增长的态势。因此，在降低能源消耗强度的基础上，加强能源消耗总量的控制，既可以有效平抑能效改善可能带来的能源回弹效应，还可以进一步明确节能减排的路径。

（4）节能减排政策的制定应当根据综合能耗和能源回弹效应的行业异质性，从整体经济结构的角度对不同的行业采取不同的节能减排政策。当前节能减排政策倾向于简单地以电力、化学工业、钢铁、有色金属、造纸等直接能源消耗高的行业作为重点节能减排领域，而忽视了一些直接能耗虽低但完全能耗较高的行业的节能减排，如建筑业、交通设备电子电气制造业、纺织服装鞋帽皮革羽绒及其制品业、金属制品业，这些行业虽然自身的直接能耗系数并不高，但完全能耗系数却是直接能耗系数的十余倍。行业的能源消耗包括本行业生产过程中的直接能源消耗和使用其他行业产品作为中间投入品而产生的间接能源消耗，对于化学工业、金属冶炼及压延加工业、非金属矿物制品业等直接能源消耗高的行业，除了需要继续提高其能源利用效率外，还要对这些高能耗、高排放的"双高"行业执行严格的行业准入标准，淘汰行业中产能落后的企业；对于建筑业、金属制品业等间接能源消耗高的行业，既要着力提升行业能源利用的效率，更要限制其发展的规模与速度，以防止由于这些行业产能过剩引致钢铁、平板玻璃、水泥等中间品相关行业的产能过剩，从而可以缓解能源资源瓶颈和环境污染的压力。

（5）通过供给侧结构性改革提高全要素生产率，扭转粗放用能方式。过去，在重增长速度的目标导向下中国经济增长的动力源自低成本的要素驱动，由此也决定了中国的工业化进程是一种低端的快速工业化，并且导致了行业和企业的无效和低端供给过多、有效和高端供给不足。能源资源难以从无效需求的行业转向有效需求的行业，这就出现了钢铁、水泥、平板玻璃等高能耗行业产能过剩而集成电路、智能制造等高端行业消费领域供给侧严重不足的情形。未来由于投资回报率的下降，投资拉动的高经济增长趋势将难以持续，而能源约束对经济增长的负面影响将进一步加剧，政府应当加大供给侧结构性改革的力度，通过区域功能、产业比例、行业比例等结构调整来化解供给结构不能适应需求结构变化的结构性矛盾，从而实现提高全要素生产率、强化经济增长质量和能源、环境效益的发展目标。

第 七 章

居民客运交通消费中的
能源回弹效应测算

鉴于能源价格的降低可以降低一系列中间产品与最终产品的价格，进而引致经济体一系列的价格调整、产品消费与能源需求的变动，直至整个经济体达到新的均衡状态，因而有必要考虑将技术在部门间的溢出效应引入到回弹效应的研究中来。

美国能源情报署（Energy Information Administration，EIA）在其发布的《世界能源关键数据统计，2012》（*Key World Energy Statistics, 2012*）中指出，世界交通运输业石油消耗占全球石油消耗量的比重从1973年的45.4%逐年上升到2010年61.5%。这一数据表明，交通运输业是能源密集型的终端能源消耗部门。随着居民收入水平的提高和消费结构的升级，中国居民人均全年交通通信占全年消费支出总额的比例也分别从1995年的5.3%逐年上升到2011年的24.6%。测算居民交通消费支出中的能源回弹效应对于探寻居民支出状况对客运交通的回弹效应具有重要意义，这一指标对中国客运交通能效政策的有效实施具有重要的参考价值。

目前，针对中国居民交通消费支出中的能源回弹效应研究并不多见，本章采用线性近似几乎理想需求系统（Linear Approximation Almost Ideal Demand System，LA-AIDS）模型（Muellbauer 和

Deaton，1980）来描述能源价格变动对居民消费结构的影响，以此对中国居民在客运交通的能源回弹效应进行测算，旨在研究提高客运交通能源效率对居民交通消费支出的能源回弹效应的影响，进而对中国客运交通的节能降耗提出建议。

第一节 分析框架与计量模型

不少学者通过构建各种计量模型估计回弹效应，通常这些计量模型通过估计能源服务消费关于能源价格、能源效率的弹性对回弹效应进行近似计算。然而，有关能源的物理效率（如汽车的吨公里数/单位标准煤、电器单位能耗的发热量等）数据难以获得，因此，试图通过能源服务消费关于能源效率的弹性去计算回弹效应通常难以实现。需求方程系统为估计回弹效应提供了一种可选择的途径，因为需求方程系统仅依赖于各类商品的价格及其支出份额的数据，更重要的是，需求方程系统是通过效用函数和成本函数的推导而得，从而该方法具有较好的经济理论作支撑。因此，使用需求方程系统对居民消费中的能源回弹效应进行实证研究得到了学者们的普遍认可（Brännlund 等，2007；Mizobuchi，2008；Wang 等，2012；Lin 和 Liu，2013）。

由 Muellbauer 和 Deaton（1980）提出的 LA-AIDS 模型是一种重要的需求方程系统模型并被广泛应用于消费行为问题。LA-AIDS 模型设定如下：

$$w_{rt} = \alpha_r + \beta_r(\ln X_t - \ln P_t) + \sum_{s=1}^{m} \gamma_{rs} \ln P_{st} + \varepsilon_{rt}, r = 1, \cdots, m$$

$$(7\text{—}1)$$

式（7—1）中，w_{rt} 为时期 t 在商品 r 上的消费支出份额，X_t 为时期 t 的总支出，P_{st} 为时期 t 商品 s 的价格，ε 为随机扰动项，$\ln P_t$

为时期 t 的 Stone 价格指数的对数,其定义式为:

$$\ln P_t = \sum_{s=1}^{m} w_{st} \ln P_{st} \tag{7—2}$$

式(7—1)中,α、β、γ 均为待估参数,且满足如下约束:

加总性:$\sum_{r=1}^{m} \alpha_r = 1, \sum_{r=1}^{m} \beta_r = 0, \sum_{r=1}^{m} \gamma_r = 0$;

齐次性:$\sum_{s=1}^{m} \gamma_{rs} = 0$;

对称性:$\gamma_{rs} = \gamma_{sr}, \forall r, s$;

根据式(7—1)的参数值,可计算商品 r 的支出弹性 φ_r 和自价格弹性 θ_r(Alston 和 Gree,1994;Edgerton,1996):

$$\varphi_r = 1 + \frac{\beta_r}{w_r} \tag{7—3}$$

$$\varphi_r = -1 - \beta_r + \frac{\gamma_r}{w_r} \tag{7—4}$$

此外,还可根据所估计的参数值进一步估算出某种商品的能源效率改善所产生的回弹效应,本研究沿用 Mizobuchi(2008)、Wang 等(2012)、Lin 和 Liu(2013)的方法进行估算。具体做法如下:

设生产单位商品 r 的能源要素投入占该商品总成本的比例为 μ_r,当商品 r 的能源效率较期初改善 δ_r 时,商品 r 的价格将变为:

$$P_r^1 = P_r^0(1 - \mu_r \delta_r) \tag{7—5}$$

式(7—5)中,P_r^0 和 P_r^1 分别为用于商品 r 生产中的能源效率改善前后的价格,通常 $0 < \mu_r \delta_r < 1$。

相应地,Stone 价格指数的对数变为:

$$\ln P^1 = \sum_{r=1}^{m} w_r \ln P_r^1 \tag{7—6}$$

在实际考察商品 r 的能效改善所产生的回弹效应时假定其他商品的价格与消费支出份额不发生变化,即式(7—6)中只有商品 r 的价格 P_r^1 发生了变化。

将式（7—5）、式（7—6）代入式（7—1），可得商品 r 的新支出份额为：

$$w_r^1 = \hat{\alpha}_r + \hat{\beta}_r(\ln X^0 - \ln P^1) + \sum_{s=1}^{m} \hat{\gamma}_{rs} \ln P_s^1 + \hat{\varepsilon}_r^0 \qquad (7—7)$$

式（7—7）中，符号"^"表示相应参数的估计值。

给定商品 r 新的支出份额，可得到商品 r 的新支出数额为：

$$X^1 = w_r^1 X^0 \qquad (7—8)$$

于是，商品 r 的需求增量为：

$$\Delta x_r = w_r^1 \frac{X^0}{P_r^1} - w_r^0 \frac{X^0}{P_r^0} \qquad (7—9)$$

进一步可估算出由于商品 r 需求变化所导致的能源消耗变化量。假定商品 r 的初始能源效率为 η_r，则商品 r 的能效改善后，由于消费商品 r 所产生的能源消耗变化量为：

$$\Delta E_r = \frac{\Delta x_r}{\eta_r} \qquad (7—10)$$

从而可根据回弹效应的定义式（2—1），得到商品 r 能效改善所产生的回弹效应：

$$R = \left(1 - \frac{\Delta E_r}{\Delta E_{\text{anticipated}}}\right) \times 100\% \qquad (7—11)$$

式（7—11）中，$\Delta E_{\text{anticipated}} = \mu_r \delta_r X^1$ 为理论节能量。

第二节　回弹效应的实证研究

一　数据来源与变量说明

本研究采用 1995—2011 年的时间序列数据，数据包括 7 类商品或服务（食品、衣着、居住、家庭设备用品、交通、娱乐文化教育、医疗保健）城镇居民家庭平均每人全年消费支出数额及价格指数，上述数据来源于国泰安数据库。各种商品或服务的价格均以

1995 年为基年的可比价格计算。

从各类商品或服务消费价格指数图示（图 7—1）可以看出，各类商品或服务中，2011 年居住、食品、医疗保健、娱乐文化教育四种商品或服务的实际价格均高于 1995 年的价格，其中居住的实际价格上升幅度最大，从 1995 年的 100 上升到 2011 年的 182.56。然而，2011 年交通、衣着、家庭设备用品的价格均低于 1995 年的价格，其中交通实际价格则下降幅度最大，从 1995 年的 100 下降到 2011 年的 72.47，价格下降幅度高达 27.53%，能源使用效率的提高使客运交通成本下降是其价格下降的重要原因。

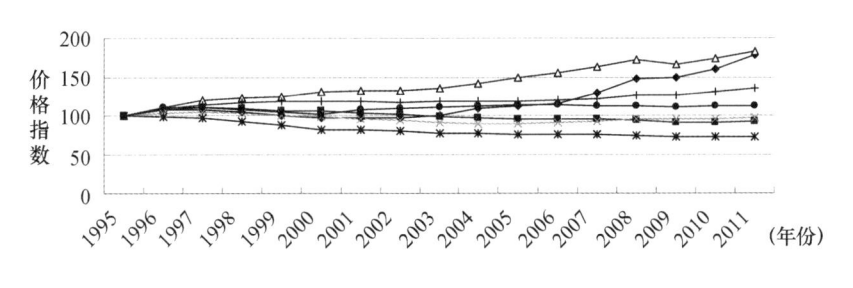

图 7—1　各类商品或服务消费价格指数（以 1995 年 = 100）

资料来源：笔者自制。

根据历年城镇居民家庭人均消费支出图示（图 7—2），1995 年占据家庭人均消费支出前 4 位的分别是食品（1771.99 元，51.77%）、衣着（479.2 元，14.00%）、娱乐文化教育（331.01 元，9.67%）、居住（283.76 元，8.29%），当时居民的主要支出在于衣、食、住和教育四个基本层面上，在交通出行方面的支出仅占总支出的 5.3%。随着人们可支配收入及生活水平的提高，消费结构也发生了较大的变化，2011 年家庭人均消费支出中食品下降到 3075.47 元，交通支出增加到 2966.19 元，占总支出的 24.63%[①]。

---

① 以 1995 年不变价格计算。

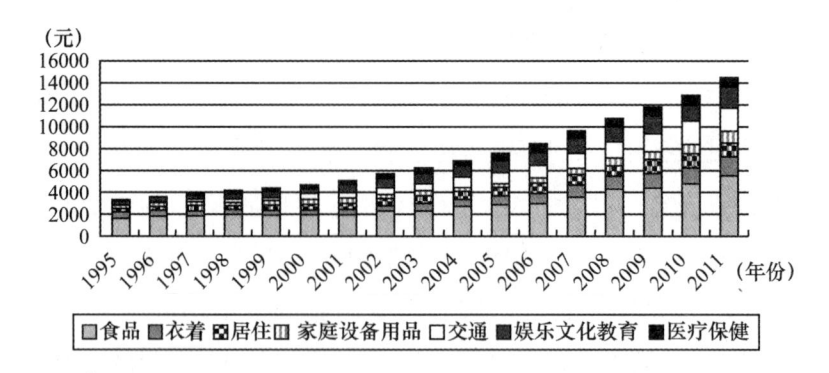

图 7—2　历年城镇居民家庭人均消费支出情况

资料来源：笔者自制。

二　计量结果

在加总性、齐次性和对称性的约束下，LA-AIDS 系统是一种似乎不相关回归（Seeming Unrelated Regression，SUR）模型（Zellner，1962），Wang（2012）建议使用广义最小二乘法（Generalized Least Squares，GLS）进行参数估计以避免普通最小二乘法（Ordinary Least Square，OLS）由于序列自相关所导致的估计无效性[①]，为此，本研究沿用 Wang 等（2012）的做法，采用 GLS 进行参数估计，其中权重取为 OLS 回归残差绝对值的倒数。

在估计过程中，由于加总性的约束，其中一个回归方程不直接使用 GLS 进行参数估计，而是根据其余已估计的回归方程系数及加总性条件推导出其余参数。由于交通支出份额的回归方程参数对于回弹效应的估算是重要的，因此，在实证中，优先估计交通支出份额的回归方程，所选取商品或服务的种类及其顺序依次为：交通、食品、衣着、居住、家庭设备及用品、娱乐文化教育、医疗保健，具体估计结果列于表 7—1。

[①] 当回归方程误差项之间存在序列自相关，则违背了线性回归方程的经典假设，此时，若仍采用 OLS 估计参数，将会产生与异方差情形类似的严重后果，OLS 估计量不再是有效的，显著性检验也将失效，因为参数估计的方差不等于 OLS 方法计算的方差。

表7—1　中国城镇居民家庭年人均支出 LA-AIDS 模型参数估计结果

变量	交通	食品	衣着	居住	家庭设备用品	娱乐文化教育	医疗保健
c	0.0287 (0.8758)	1.0486 *** (0.0000)	−0.3141 *** (0.0065)	0.5314 *** (0.0001)	0.0132 (0.8991)	0.3071 (0.2357)	−0.6149
$\ln X_t - \ln P_t$	0.1028 *** (0.0003)	−0.1531 *** (0.0000)	−0.0352 *** (0.0000)	−0.0189 *** (0.0032)	0.0124 *** (0.0000)	0.0245 *** (0.0000)	0.0675
$\ln P_1$	0.0228 (0.3346)						
$\ln P_2$	0.0465 *** (0.0026)	−0.0402 ** (0.0433)					
$\ln P_3$	−0.0633 (0.2009)	−0.0911 * (0.0992)	−0.4801 *** (0.0000)				
$\ln P_4$	0.0737 *** (0.0099)	−0.1303 *** (0.0001)	−0.0180 (0.1004)	0.0079 (0.4992)			
$\ln P_5$	−0.1275 *** (0.0017)	0.0479 (0.3610)	0.3752 *** (0.0000)	−0.0553 *** (0.0007)	0.1424 *** (0.0000)		
$\ln P_6$	0.0772 *** (0.0001)	0.0625 *** (0.0052)	0.2132 *** (0.0000)	−0.0535 ** (0.0173)	−0.1228 *** (0.0000)	−0.0352 (0.5125)	
$\ln P_7$	−0.0293	0.1047	0.0640	0.1754	−0.2600	−0.0852	0.0866
R − Squared	0.9999	0.9997	0.9980	0.9599	0.9979	0.8242	—
D. W.	2.1859	2.0164	2.1919	1.2594	1.8623	0.3928	—

注：表中斜体的数值由已估计参数值及加总性约束条件计算得到；括号内的数值为相应估计量的 p 值；"***""**""*"分别表示1%、5%、10%水平下显著；各列空白处表示相应的回归模型中不包括相应的解释变量。

资料来源：笔者自制。

表7—1 各回归方程的 R-Squared 统计量均大于 0.8 且交通份额的回弹方程 R-Squared 统计量达到 0.9999，表明回归的拟合优度很高；从各回归方程的 D. W. 统计量来看，除了个别回归方程，D. W. 统计量基本都在 2 左右，可以认为回归残差序列基本上不存在自相关。大部分的参数估计在 5% 的显著性水平下是显著的不为

0，这表明了 LA-AIDS 较好地刻画了中国城镇居民的家庭消费支出的情况。

表 7—1 中，食品、衣着、居住支出份额回归方程的实际消费额对数的系数 β_r 均显著为负值，这表明了食品、衣着和居住需求的收入弹性为负值，可以认为这些商品是劣等品，交通、娱乐文化教育、医疗保健支出份额回归方程中，实际消费额对数的系数 β_r 均显著为正值，这表明了交通、娱乐文化教育、医疗保健需求的收入弹性为正值，可以认为这些商品为正常品。

根据 LA-AIDS 的回归结果，可以计算出各类商品的价格弹性和支出弹性。表 7—2 列出了交通消费的自价格弹性和支出弹性计算结果，由交通消费的自价格弹性的值为负可知，交通消费的需求随价格的升高而下降，即交通服务满足一般商品的需求理论，但由于交通价格低而缺乏弹性；而支出弹性为 2.9209 大于 1 表明，交通需求对于支出总额变化是敏感的。上述回归结果及弹性分析结果较好地描述了交通消费支出随价格变化的特征规律。

表 7—2　　　　　交通消费的自价格弹性和支出弹性

	自价格弹性	支出弹性
交通	-0.6769	2.9209

资料来源：笔者自制。

三　能源回弹效应测算结果

为估计客运交通中的能源回弹效应，需要知道运输成本中能源要素所占的比例 μ_r。根据国家统计局国民经济核算司编写的《2007 年中国投入产出表》，42 部门投入产出表中交通运输仓储业单位产值直接消耗石油加工、炼焦及核燃料加工业产值投入的直接消耗系数为 0.1863，占中间投入合计值 0.5386 的 34.59%，为此，本研究取客运交通的能源成本占总成本的比重 $\mu_r = 35\%$。

进一步,假设客运交通的能源使用效率提高20%,即假设 $\delta_r = 20\%$,这一取值参考了 Brännlund 等的研究(2007)。于是,根据 LA-AIDS 模型参数估计结果及式(7—5)—式(7—11),可计算得到客运交通的能源回弹效应值为86.55%,低于"回火"情形的100%回弹效应值,即客运交通中能源效率的改善使得单位运输成本下降,进而增加了居民对交通消费的需求并增加了能源消耗,所增加的能源消耗量为理论节能量的86.55%。

第三节 小结

技术在部门间的溢出效应使得能源价格的变化会引致经济体一系列的价格调整、产品消费与能源需求的变动,本章针对能源使用效率数据难以获得的局限,根据居民家庭消费支出及商品或服务价格数据,通过建立 LA-AIDS 模型刻画居民家庭在各类商品或服务中的支出份额与支出总额及商品价格之间的需求关系,并在此基础上分析客运交通能源使用效率的改善所带来的运输成本下降及其对居民交通需求的影响,进而测算出中国客运交通中的能源回弹效应。分析结果表明:

(1)居民支出水平与交通消费的价格对于交通消费的需求均具有重要影响,并且支出水平对交通消费的需求影响大于价格对交通消费的需求影响。交通消费的自价格弹性为负,表明客运交通价格的下降将增加居民的交通消费支出占总支出的份额;交通消费的支出弹性为正,表明居民支出水平的增加也会引起居民交通消费支出占总支出份额的增加;并且由于交通消费支出份额关于支出水平是富有弹性的,而关于价格是缺乏弹性的,因而支出水平比价格对交通消费支出份额的影响更大。

（2）客运交通中能源使用效率的提高通过价格机制增加了能源消耗进而产生回弹效应，部分抵消了由于能源使用效率提高所节约的能源量，回弹效应值高达 86.55%，逼近"回火"的警戒线。因此，政府及交通运输管理部门应当重视能源使用效率提高所带来的回弹效应，通过征收燃料附加费、尾气排放管理费等价格机制平抑回弹效应。

（3）居民收入水平的快速提高及购买力的增强所带来的消费结构升级是客运交通快速发展的重要原因，也是客运交通运输中能源消耗持续增长的重要影响因素。因此，政府应当加大公共交通运输的投入力度与清洁能源的研发，重点建设轻轨、地铁、高铁、公共汽车等低能耗高效率的公共交通工具，通过提高全民节能环保意识引导人们低碳出行。

第 八 章

中国能源价格、技术进步对能源效率的变动效应研究

节能降耗,既是中国实现哥本哈根全球气候峰会减排承诺的重要举措,也是党的十八大报告中大力推进生态文明建设的四项工作之一。尽管中国一直在努力降低煤炭在一次能源中的比例,然而,受制于发展任务、发展阶段、以煤为主的能源资源禀赋以及相对落后的技术研发和应用水平等因素,以化石燃料为主的能源结构还将长期持续,因而,提高能源效率才是中国当前节能减排的上策。于是,正确甄别影响能源效率的主要因素并研究这些因素对能源效率的作用机制,将是一个值得着力研究的问题。

本章从内生性视角构建了分析能源效率及其影响因素动态效应的经验模型,并以中国省际面板数据对能源价格、技术进步与能源效率之间的长期均衡关系及动态效应进行实证研究,旨在发现能源效率的影响因素及其作用机制,并为中国能源消耗回弹效应的存在性从另一个角度提供实证证据。

第一节 分析框架与理论模型

国内外学者对于能源效率的影响因素及其作用机制进行了广泛

的研究。从能源效率的影响因素看,学者们主要关注以下五个方面:其一,能源价格,根据经济学中所有要素具有相同的边际生产率的假设,能源价格的上升可以通过影响要素的替代效应进而提高能源效率,代表性的研究有 Birol 等（2000）、Fisher-Vanden（2004）、Zheng 等（2011）、张宗益等（2010）。其二,技术水平,新技术的应用在提高生产率的同时也可以降低单位产出的能源消耗（Crompton 和 Wu, 2005; Ma 和 Stern, 2008; 樊茂清等, 2012）。其三,产业结构,通过产业结构的调整,能源从低生产率的行业流向高生产率的行业从而改善能源效率（Huang, 1993; Yuan, 2009; 原毅军等, 2012）;其四,所有制形式,企业的所有制形式在经济体中所占比例的变化也会使能源效率发生变化,这是因为外资企业和私营企业相对国有企业往往具有更高的能源效率（Sinton 和 Fridley, 2000; Fisher-Vanden 等, 2006）;其五,能源消耗结构,由于煤炭的能源效率较低,因此工业行业中煤炭消费比例的下降也将促进能源效率的改善（Fisher-Vanden 等, 2004; 蔡圣华等, 2012）。

从能源效率影响因素的模型选择看,主要有投入产出与结构分解技术、指数分解模型、数据包络分析与随机前沿方法、回归计量分析方法四类方法。如:Garbaccio 等（1999）基于中国 1987 年与 1992 年投入产出表较早地采用 Divisia 指数分解方法研究了中国能源强度下降的原因;王锋和冯根福（2012）运用投入产出表的碳强度弹性计算模型测算了碳强度对能源效率的弹性;Liao 等（2007）应用指数分解模型对中国 36 个行业 1997—2006 年的能源强度的变动趋势进行了研究;Hu 和 Wang（2006）应用 DEA 方法测算了各省全要素能源效率;黄德春等（2012）运用 DEA 模型对中国 2009 年的省域截面数据采用三阶段 DEA 分析得到东部地区能源效率最高、中西部地区次之的结论;刘畅等（2009）对 1978—2007 年的总量数据采用结构向量误差修正模型对能源消耗强度的长期影响因素和短期调整效应进行了实证研究;傅晓霞和吴利学(2010)对中国的总量数据采用变系数能源效率模型分析了技术进步、工业化程度、重工业比重和能源价格等因素对能源效率影响程度的差别;滕玉华(2011)采用固定效应面板数据模型对中国32个工业进行分析,发现自主研发、技术引进对能源消耗强度存在行业差异。

尽管上述文献从不同的角度研究了能源效率影响因素对能源效应的作用机制,然而,现有研究还存在以下两个方面的局限:其一,多数研究属于能源效率演变的静态分析,只关注能源效率与其影响因素之间的同期影响,无法捕捉影响因素滞后期的变动对能源效率的影响,未能讨论影响因素在外生冲击下偏离平衡增长路径对能源效率变动所产生的影响。其二,少数研究尽管探讨了相关影响因素对能源效率的脉冲响应情况,但是这些研究采用的是全国总量数据,其能源消耗样本序列长度不足30期,过少的样本量将导致VAR模型的估计结果不稳健甚至模型无法估计。此外,全国总量数据还存在无法体现各地区能源消耗数量差异的局限。事实上,能源效率与其影响因素构成的是一个复杂系统,技术水平、能源价格与能源效率之间通常是相互影响、互相制约的,因此,需要考虑影响因素与能源效率之间的内生性;同时,中国地区经济发展不平衡的实际情况要求我们不能忽略地区间的异质性,不能简单地用全国总量数据进行分析。为此,在上述文献的基础上,本研究基于中国省际面板数据,在建立面板向量自回归(Panel Vector Auto-Regressive,PVAR)模型的基础上引入系统内生变量的同期相关,构建面板数据的结构向量自回归(Structural Vector Auto-Regressive,SVAR)模型(Blanchard和Quah,1989)对技术水平、能源价格与能源效率之间的内生关系进行分析,试图更深入地分析这些影响因素的变化对能源效率的动态效应。

本研究借鉴Fisher-Vanden等(2004)的理论思路,由产品成本函数推导出能源需求函数，进而构建中国能源效率动态效应的经验分析模型。

首先，假设生产函数为希克斯中性技术进步的函数形式：$Y = Af(K, L, E, M)$，其中，Y 为产出，A 为技术水平，K、L、E、M 分别为劳动、资本、能源、原材料的要素投入。

通过求厂商成本最小化问题可得到 Cobb-Douglas 形式的成本函数：

$$C(P_K, P_L, P_E, P_M, Y) = A^{-1} P_K^{\alpha_K} P_L^{\alpha_L} P_E^{\alpha_E} P_M^{\alpha_M} Y \qquad (8\text{—}1)$$

式（8—1）中，C 为总成本，P_K、P_L、P_E、P_M 分别为资本、劳动、能源、原材料的价格，α_K、α_L、α_E、α_M 分别为各投入要素的产出弹性。

根据谢泼德引理（Shephard's Lemma），一种投入要素的需求量等于成本函数关于该投入要素价格的偏导数。式（8—1）两端关于 P_E 求偏导数，可得：

$$E = \frac{\partial C}{\partial P_E} = \frac{\alpha_E A^{-1} P_K^{\alpha_K} P_L^{\alpha_L} P_E^{\alpha_E} P_M^{\alpha_M} Y}{P_E} \qquad (8\text{—}2)$$

进一步假设 $P_Y = P_K^{\alpha_K} P_L^{\alpha_L} P_E^{\alpha_E} P_M^{\alpha_M}$，其中 $\alpha_K + \alpha_L + \alpha_E + \alpha_M = 1$。则式（8—2）可改写为：

$$E = \frac{\alpha_E A^{-1} P_Y Y}{P_E} \qquad (8\text{—}3)$$

由能源效率的定义及式（8—3），可得：

$$EE = \frac{Y}{E} = \frac{1}{\alpha_E} A \frac{P_E}{P_Y} \qquad (8\text{—}4)$$

式（8—4）两端取对数，可得能源效率与技术水平、价格的关系：

$$\ln EE = \alpha_0 + \alpha_1 \ln A + \alpha_2 \ln(P_E/P_Y) \qquad (8\text{—}5)$$

为了探寻能源效率的变化与技术进步、能源价格波动之间的动态关系，进一步对式（8—5）施加差分运算可得：

$$DlnEE = \alpha_1 DlnA + \alpha_2 Dln(P_E/P_Y) \qquad (8—6)$$

式（8—6）中，D 为差分运算算子，$DlnEE$ 为能源效率的变化率，$DlnA$ 为技术水平的变化率（即技术进步程度），$Dln(P_E/P_Y)$ 为能源相对价格的变化率。

第二节　指标选取与计量模型

技术进步的衡量一直是学术界的难题，在没有更好替代方法的情况下，学者们普遍使用全要素生产率（Total Factor Productivity, TFP）的变化率来代表技术进步。其计算方法主要有：基于 Cobb-Douglas 生产函数的全要素生产率测算法、基于增长速度方程的 Solow 余值测算法、基于数据包络分析（Data Envelopment Analysis, DEA）的 Malmquist TFP 变化指数测算法。其中，Malmquist TFP 变化指数测算法具有不需要对生产函数的具体形式进行假定，也不必知道要素投入对经济增长贡献的实际份额等优点。因此，本研究采用 Färe 等（1994）的基于 DEA 的 Malmquist TFP 变化指数测算法，以体现广义的技术进步。

尽管式（8—6）给出了能源效率（EE）的变化率与技术水平（A）、能源相对价格（P_E/P_Y）变动的基本关系，但是它难以全面刻画能源效率及其影响因素之间多向的、相互影响、相互制约的特征（Alfredo 和 Rui，2010；张炎治和陶亚文，2009）。有鉴于此，本研究先通过面板数据模型式（8—7）考察能源效率及其影响因素的长期均衡关系，进而从内生性视角构建面板数据的 SVAR 模型，在此基础上通过脉冲效应函数与方差分解方法，研究各影响因素扰动对能源效率所产生的动态效应。具体的模型如下：

$$DlnEE_{it} = c_i + \beta_1 TFPCH_{it} + \beta_2 DlnP_{it} + \varepsilon_{it} \qquad (8—7)$$

$$C_0 \begin{pmatrix} D\ln P_{it} \\ TFPCH_{it} \\ D\ln EE_{it} \end{pmatrix} = \Gamma_0 + \Gamma_1 \begin{pmatrix} D\ln P_{i,t-1} \\ TFPCH_{i,t-1} \\ D\ln EE_{i,t-1} \end{pmatrix} + \cdots + \Gamma_q \begin{pmatrix} D\ln P_{i,t-q} \\ TFPCH_{i,t-q} \\ D\ln EE_{i,t-q} \end{pmatrix} + u_{it}$$

(8—8)

式（8—7）、式（8—8）中，$D\ln P$、$TFPCH$、$D\ln EE$ 分别为能源相对价格的变化率、技术进步、能源效率的变化率，p 为滞后阶数，c_i、β_1、β_2、C_0、Γ_0、Γ_1、$\cdots$、Γ_q 为待估参数（或参数向量、参数矩阵）。

式（8—8）是一个 SVAR（q）模型的结构式，式（8—8）中：

$$C_0 = \begin{pmatrix} 1 & -c_{12} & -c_{13} \\ -c_{21} & 1 & -c_{23} \\ -c_{31} & -c_{32} & 1 \end{pmatrix}, C_0 \neq I_3; \Gamma_k = \begin{pmatrix} \gamma_{11}^{(k)} & \gamma_{12}^{(k)} & \gamma_{13}^{(k)} \\ \gamma_{21}^{(k)} & \gamma_{22}^{(k)} & \gamma_{23}^{(k)} \\ \gamma_{31}^{(k)} & \gamma_{32}^{(k)} & \gamma_{33}^{(k)} \end{pmatrix},$$

$k = 1, \cdots, p; u_{it} = \begin{pmatrix} u_{1it} \\ u_{2it} \\ u_{3it} \end{pmatrix}$，且有 $E(u_{it}) = \begin{pmatrix} 0 \\ 0 \\ 0 \end{pmatrix}$，$E(u_{it} u_{it}^T) = I_3$。$C_0$ 表示同期系统内生变量之间同期相关的结构关系。

第三节 基于 Malmquist TFP 指数的技术进步测算

一 测算技术进步的 Malmquist TFP 指数方法介绍

Malmquist 指数最初用于消费分析的研究，是由瑞典统计学家和经济学家 Sten Malmquist（1953）首次提出，用于研究消费束如何在不同差异曲线上移动。Caves 等（1982）受 Malmquist 消费指数的启发，在 Malmquist 消费指数的基础上将其应用到生产分析中，通过距离函数之间的比值来定义该指数，并将此方法命名为

Malmquist 生产率指数，该指数可以反映决策单元（Decision Making Unit，DMU）前后期生产率的变化，可以用于生产率变化的测算。Färe 等（1994）参考 Fisher 理想指数的构造方法，利用 Caves 等（1982）关于关于 t 期和 $t+1$ 期 Malmquist 生产率指数的几何平均数构造了用于测量全要素生产率变化的 Malmquist TFP 指数。基于 DEA 的 Malmquist TFP 指数测算法除了具有不需要对具体的生产函数形式进行设定的优点外，还可对指数进一步分解，从而分析指数变化的原因。

考虑 N 种投入要素，M 种产出的面板数据 DEA 问题。设决策单元 p 在时期 t 的投入产出组合为 (X_p^t, Y_p^t)，$p = 1, 2, \cdots, P$，$t = 1, 2, \cdots, T$。其中，投入向量 $X_p^t = (x_{p,1}^t, x_{p,2}^t, \cdots, x_{p,N}^t) \in R_+^N$，产出向量 $Y_p^t = (y_{p,1}^t, y_{p,2}^t, \cdots, y_{p,M}^t) \in R_+^M$。$t$ 期的生产可能集为：$S_+^t = \{(X^t, Y^t) \in R_+ : x_n^t \geqslant \sum_{i=1}^{P} \lambda_i^t x_{i,n}^t, n = 1, \cdots, N; y_n^t \leqslant \sum_{i=1}^{P} \lambda_i^t y_{i,m}^t, m = 1, \cdots, M; \lambda_i^t \geqslant 0, i = 1, \cdots, P\}$，其中，$\lambda_i^t$ 是衡量技术结构的参数，为方便，记 $\Lambda^t = (\lambda_1^t, \cdots, \lambda_P^t)^T$。位于包络表面的决策单元被视为是有效的，因为相对生产可能集而言，以最小的投入得到最大的产出。

Farell（1957）指出，在给定技术结构特征和要素投入的情况下，第 p 个决策单元在时期 t 的效率定义为：

$$e_p^t = \frac{Y_p^t(X_p^t)}{Y_{\max}^t(X_p^t)} \qquad (8—9)$$

式（8—9）中，$Y_p^t(X_p^t)$ 为实际产出，$Y_{\max}^t(X_p^t)$ 为同样投入情况下的最大产出。

在生产可能集 S_+^t 中，θ 为达到生产前沿面时产出要素的增加比率，则产出距离函数为：

$$D_O(X^t, Y^t) = \inf\{\theta : (X^t, Y^t/\theta) \in S_+^t\}$$
$$= (sup\{\varphi : (X^t, \varphi Y^t) \in \}) - 1 \qquad (8—10)$$

Färe 等（1994）将 Malmquist 全要素生产率变动（TFPCH）定义为 t 期、$t+1$ 期参考前沿面的距离函数的几何平均值：

$$\begin{aligned}
\text{Malmquist TFPCH} &= M(X^{t+1}, Y^{t+1}, X^t, Y^t) \\
&= \sqrt{\frac{D_O^{t+1}(X^{t+1}, Y^{t+1})}{D_O^{t+1}(X^t, Y^t)} \times \frac{D_O^t(X^{t+1}, Y^{t+1})}{D_O^t(X^t, Y^t)}} \\
&= \underbrace{\frac{D_O^{t+1}(X^{t+1}, Y^{t+1})}{D_O^t(X^t, Y^t)}}_{EFFCH} \times \underbrace{\left(\frac{D_O^t(X^{t+1}, Y^{t+1})}{D_O^{t+1}(X^{t+1}, Y^{t+1})} \times \frac{D_O^t(X^t, Y^t)}{D_O^{t+1}(X^t, Y^t)} \right)^{\frac{1}{2}}}_{TECH}
\end{aligned}$$

$$(8\text{—}11)$$

式（8—11）中，$D_O^t(X^t, Y^t)$ 和 $D_O^t(X^{t+1}, Y^{t+1})$ 分别为以 t 期生产前沿面为参考集的 t 期和 $t+1$ 期产出距离函数；$D_O^{t+1}(X^t, Y^t)$ 和 $D_O^{t+1}(X^{t+1}, Y^{t+1})$ 分别为以 $t+1$ 期生产前沿面为参考集的 t 期和 $t+1$ 期产出距离函数。

记 $EFFCH = \dfrac{D_O^{t+1}(X^{t+1}, Y^{t+1})}{D_O^t(X^t, Y^t)}$，$TECH = \left(\dfrac{D_O^t(X^{t+1}, Y^{t+1})}{D_O^{t+1}(X^{t+1}, Y^{t+1})} \times \dfrac{D_O^t(X^t, Y^t)}{D_O^{t+1}(X^t, Y^t)} \right)^{\frac{1}{2}}$。

式（8—11）中，若 Malmquist TFPCH >1，则表明 $t+1$ 期的全要素生产率较 t 期实现了增长；反之，则没有发生变化或出现了下降。Malmquist TFP 指数可把 TFPCH 分解为：效率变化指数（Efficiency Change Index，EFFCH）和技术变化指数（Technical Change Index，TECH），EFFCH 刻画了从 t 期至 $t+1$ 期每个决策单元的相对效率变化，反映了决策单元向最佳前沿面移动的程度，可理解为一种追赶（Catch-up）效应，EFFCH >1 表明效率改善，反之，则表示效率没有改善。TECH 反映了前后两期生产前沿面的变动，反映了"前沿面移动（Frontier-shift）效应"，TECH >1 表明技术改进，反之，则表示技术无改进。

Malmquist TFPCH 的计算需要运用 DEA 方法对式（8—11）中

的四个距离函数进行求解，这四个距离函数的求解可以转换为四个对偶线性规划问题，以产出导向的规模报酬不变模型为例，这四个对偶线性规划模型如下：

$$D_O^t(X^t, Y^t) - 1 = \max_{\lambda_1, \cdots, \lambda_P, \varphi} \varphi$$

$$s.t. \begin{cases} -\varphi Y_i^t + \sum_{p=1}^P \lambda_p Y_p^t \geq 0 \\ X_i^t - \sum_{p=1}^P \lambda_p X_p^t \geq 0 \\ \lambda_1, \cdots, \lambda_P, \varphi \geq 0 \end{cases} \quad (8—12)$$

$$D_O^{t+1}(X^{t+1}, Y^{t+1}) - 1 = \max_{\lambda_1, \cdots, \lambda_P, \varphi} \varphi$$

$$s.t. \begin{cases} -\varphi Y_i^{t+1} + \sum_{p=1}^P \lambda_p Y_p^{t+1} \geq 0 \\ X_i^{t+1} - \sum_{p=1}^P \lambda_p X_p^{t+1} \geq 0 \\ \lambda_1, \cdots, \lambda_P, \varphi \geq 0 \end{cases} \quad (8—13)$$

$$D_O^t(X^{t+1}, Y^{t+1}) - 1 = \max_{\lambda_1, \cdots, \lambda_P, \varphi} \varphi$$

$$s.t. \begin{cases} -\varphi Y_i^{t+1} + \sum_{p=1}^P \lambda_p Y_p^t \geq 0 \\ X_i^{t+1} - \sum_{p=1}^P \lambda_p X_p^t \geq 0 \\ \lambda_1, \cdots, \lambda_P, \varphi \geq 0 \end{cases} \quad (8—14)$$

$$D_O^{t+1}(X^t, Y^t) - 1 = \max_{\lambda_1, \cdots, \lambda_P, \varphi} \varphi$$

$$s.t. \begin{cases} -\varphi Y_i^t + \sum_{p=1}^P \lambda_p Y_p^{t+1} \geq 0 \\ X_i^t - \sum_{p=1}^P \lambda_p X_p^{t+1} \geq 0 \\ \lambda_1, \cdots, \lambda_P, \varphi \geq 0 \end{cases} \quad (8—15)$$

二 基于 Malmquist TFP 变化指数的技术进步测算结果

本研究采用资本、劳动力、能源三投入要素的 DEA 模型通过 Deap 软件包计算得到 Malmquist TFP 变化指数。表 8—1 分析了各原始变量样本数据的均值、标准差、最小值和最大值等统计特征。

表 8—1　　各原始变量的描述统计分析[①]

	变量	最小值	最大值	平均值	标准差
东部地区	资本存量（亿元）	201.14	30349.79	5432.77	5184.20
	劳动投入（万人）	320.80	5960.00	2382.09	1643.05
	能源消耗（万吨标准煤）	302.75	34807.77	9695.09	7379.91
	经济产出（亿元）	49.89	1020.06	522.23	247.83
中部地区	资本存量（亿元）	587.21	14017.38	2607.29	2299.27
	劳动投入（万人）	1044.60	6041.56	2710.82	1363.06
	能源消耗（万吨标准煤）	2028.00	21437.76	7714.97	4019.55
	经济产出（亿元）	252.85	818.00	459.18	158.33
西部地区	资本存量（亿元）	133.26	11938.95	1644.37	1860.20
	劳动投入（万人）	226.00	6909.74	1897.46	1691.82
	能源消耗（万吨标准煤）	688.04	25747.35	5318.31	4398.81
	经济产出（亿元）	41.07	1068.05	258.93	218.36
全国	资本存量（亿元）	133.26	30349.79	3346.98	3950.13
	劳动投入（万人）	226.00	6909.74	2305.66	1618.06
	能源消耗（万吨标准煤）	302.75	34807.77	7639.62	5927.21
	经济产出（亿元）	41.07	1068.05	414.04	244.53

资料来源：国泰安数据库、《中国能源统计年鉴》《新中国 60 年统计资料汇编》、各省区统计年鉴（2010 年、2011 年）。

资料来源：笔者自制。

表 8—2 列出了 29 个省区样本期内 Malmquist TFP 变化指数、

[①] 变量均为面板数据，包括中国 29 个省区 1998—2010 年的数据。

效率变化指数、技术变化指数的平均值。

表8—2 中国省区 Malmquist TFP 指数及其分解（1998—2010 年）

年份	Malmquist TFPCH	EFFCH	TECH
1995—1996	1.002	0.996	1.006
1996—1997	0.975	1.024	0.952
1997—1998	0.973	0.996	0.977
1998—1999	0.939	0.966	0.972
1999—2000	0.950	0.959	0.990
2000—2001	0.974	1.047	0.930
2001—2002	0.926	0.990	0.935
2002—2003	0.897	0.973	0.921
2003—2004	0.912	0.871	1.047
2004—2005	0.969	1.082	0.896
2005—2006	0.928	1.006	0.923
2006—2007	0.965	1.000	0.965
2007—2008	0.992	1.007	0.984
2008—2009	0.919	1.010	0.910
2009—2010	0.958	0.991	0.967
平均值	0.951	0.994	0.958

资料来源：由 Deap2.1 软件包计算得到。

从表8—2可以看出，技术变化（TECH）指数仅在1995—1996年、2003—2004年大于1，分别为1.006、1.047，即1996年较1995年的技术有所提升，但提升幅度并不明显，除此之外，也只有2004年较2003年的技术有提升，而其余年份较之前一年的技术并未得到提升反而略有下降。效率变化（EFFCH）指数在2004—2009年的值均大于1，表明了在这一时期效率得到了改善，而只在2003—2004年的值低于0.9，即2004年较2003年的效率明显下降，其余年份的效率下降不大。而就 Malmquist TFP 变化指数而言，仅有1998—1996年的 Malmquist TFPCH 值大于1，其余年份均小于1，其中2002—2003年的 Malmquist TFPCH 值更是低于0.9。这表明了样本期内中国的全要素生产率总体而言并未呈现进步的态势，其主要原因是这一期间中国的经济发展是只注重经济增长总量而忽视经济增长质量的粗放型生产方式。

本研究用上述 DEA 模型计算 Malmquist TFPCH，以体现广义的技术进步。

第四节　能源价格、技术进步对能源效率变动效应的实证研究

一　变量及数据说明

采用 1998—2010 年中国 29 个省区的面板数据，考虑到统计数据的一致性和可获性，将重庆与四川的数据合并计算，西藏、台湾、香港和澳门不包括在研究的样本中。

（1）能源效率。各省区的能源效率由实际地区生产总值除以能源消耗总量计算，这一计算方法参考了魏一鸣等（2011）对能源效率的定义。

（2）能源相对价格。各省区的能源价格用各省区原材料、燃料、动力购进价格指数（PPIRM）表示[①]。这是因为目前中国能源价格体系尚未健全，电力、天然气价格仍以政府制定为主，煤炭价格与市场接轨，使得煤炭资源禀赋不同的地区价格不同，张宗益等（2010）、孙敬水和汪德兴（2011）建议用各省区原材料、燃料、动力购进价格指数表示能源相对价格以体现地区间资源禀赋的差异。

（3）技术进步。各省区的技术进步根据 Färe 等（1994）的 Malmquist TFP 指数表示。Malmquist TFP 指数采用资本、劳动、能源三投入要素的 DEA 模型通过 Deap2.1 软件包计算得到。

---

① 尽管 PPIRM 下的子指标——燃料动力类价格指数更能反映能源价格的变化，但是不少省区该子指标数据缺失严重，为此，本研究采用 PPIRM 反映能源价格的变化。

在计算 Malmquist TFP 指数的 DEA 模型中，资本投入用固定资本投入表示，劳动力投入用年末就业人数表示，能源投入用能源消耗总量表示，产出用地区生产总值表示。对于资本存量，大多数学者采用张军（2004）的方法进行估算；近年来一些学者根据最新统计资料对省际资本存量的估算问题进行了再研究，但所得存量估计结果的客观性仍有待进一步检验。为此，本研究沿用张军（2004）的方法及结果估算各省区的固定资本存量，取资本折旧率为 9.6%。

各省区的能源消耗总量数据来源于历年《中国能源统计年鉴》，地区生产总值、地区生产总值指数、年末就业人数、固定资本形成总额、固定资本价格指数来源于国泰安数据库。各省区的原材料、燃料、动力购进价格指数来源于《新中国 60 年统计资料汇编》、各省区统计年鉴（2010 年、2011 年）。各省区生产总值和固定资本存量均以 1995 年为基年的可比价格计算。

二 面板数据单位根检验与协整检验

为避免伪回归，先对各变量进行面板数据的单位根检验。本研究除了采用 LLC、IPS、Fisher ADF、Fisher PP 和 Hadri 五种传统方法进行面板数据单位根检验外，还采用了 Pesaran（2007）提出的面板数据单位根检验方法，该检验方法的优点在于允许序列存在横截面相关，其原假设是序列存在单位根。表 8—3 的检验结果表明，$DlnEE$、$DlnP$、$TFPCH$ 均为平稳过程。

表 8—3　　　　　　　各面板数据变量单位根检验结果

检验方法	变量		
	$DlnEE$	$DlnP$	$TFPCH$
LLC	-16.312 ***	-16.328 ***	-4.058 ***
	(0.000)	(0.000)	(0.000)

续表

检验方法	变量		
	Dln*EE*	Dln*P*	*TFPCH*
IPS	-12.583*** (0.000)	-13.430*** (0.000)	-3.744*** (0.000)
Fisher ADF	-11.338*** (0.000)	-11.918*** (0.000)	-4.008*** (0.000)
Fisher PP	-12.120*** (0.000)	-20.351*** (0.000)	-7.402*** (0.000)
Hadri	1.809** (0.035)	45.905*** (0.000)	6.446*** (0.000)
Pesaran	-3.359*** (0.000)	-2.905*** (0.000)	-3.101*** (0.000)

注：统计值下方括号内的数值为 P 值，"***""**""*"分别表示在1%、5%、10%的水平下拒绝原假设，下同；前五种检验方法使用计量软件 Eivews6.0，最后一种检验方法使用计量软件 stata11.0；检验选择的模型形式为 1 期滞后且无时间趋势。

资料来源：笔者自制。

进一步采用 Pedroni（1999）的方法作协整检验，其原假设为：变量间不存在协整关系，结果表明，这七个统计量中有五个统计量的检验在1%的水平下拒绝了原假设，即至少部分地区各变量之间存在协整关系（见表8—4）。

表8—4 各面板变量协整检验结果

检验统计量	Panel v	Panel rho	Panel PP	Panel ADF	Group rho	Group PP	Group ADF
统计量的值 (P 值)	-0.889 (0.992)	-6.594*** (0.000)	-17.348*** (0.000)	-7.003*** (0.000)	-1.304* (0.096)	-13.548*** (0.000)	-5.523*** (0.000)

注：使用计量软件 Eivews6.0 进行检验；检验模型选择的趋势形式为无截距项及确定性趋势、滞后期由 SC 准则选择。

资料来源：笔者自制。

三 长期均衡关系分析

为避免由于内生性对参数估计所造成的偏误,本研究采用广义矩法(GMM)得到模型式(8—7)参数的有效估计,其估计结果见表8—5。

表8—5　　　能源效率及其影响因素长期均衡模型参数估计结果

变量	个体固定效应模型 系数估计值 (P值)	个体随机效应模型 系数估计值 (P值)
常数项	-2.827*** (0.002)	-0.573*** (0.000)
DlnP	-0.170 (0.697)	0.214*** (0.000)
TFPCH	2.890*** (0.002)	0.588*** (0.000)
R^2	0.217	0.144
D.W.	2.227	2.5381
SSR	7.688	8.414
Hausman检验统计量	\multicolumn{2}{c}{5.883* (0.052)}

注:使用计量软件Eivews6.0进行估计;估计方法采用GMM进行参数估计,其中工具变量选择为各解释变量的滞后1期与滞后2期。

资料来源:笔者自制。

从表8—5的估计结果看,个体固定效应模型拟合效果优于个体随机效应模型的拟合效果,且Hausman检验在10%的显著性水平上拒绝了个体随机效应的原假设,即接受个体固定效应的面板数据模型。为此,进一步基于固定效应面板数据模型对能效因素与能源效率的长期均衡关系进行分析,可发现:(1)能源效率变化率关于能源价格变化率的回归系数不显著，其原因可能是中国的能源价格执行的是计划和市场的价格双轨制度，并非是严格市场机制下的价格体系，能源价格难以客观反映能源市场的供需状况。(2) 技术进步对能源效率的提高具有显著的正向作用，这表明技术进步有利于促进能源效率的改善。

四　SVAR 模型的参数估计与模型的稳定性检验

本研究采用 Holtz-Eakin 等（1988）估计 PVAR 模型参数的思想，先采用差分运算消除个体效应，避免由于个体效应和解释变量相关而造成的系数估计有偏；在消除时间效应和个体效应后，再根据 SVAR 模型参数估计的方法进行估计。

为了对式（8—8）的 SVAR 模型进行估计，需要先将其转化为 VAR 模型的简化式再进行估计。对式（8—8）进行标准化处理，并引入滞后算子，可将式（8—8）表示为：

$$C_0 z_{it} = B(L) z_{i,t-1} + u_{it}, E(u_{it} u_{it}^{\mathrm{T}}) = I_3 \quad (8—16)$$

式（8—16）中，$B(L) = \Gamma_1 - \Gamma_2 L - \Gamma_3 L^2 - \cdots - \Gamma_q L^{q-1}$，滞后算子 L 满足 $L^j z_{i,t-1} = z_{i,t-1-j}$，$z_{it} = \begin{pmatrix} D\ln P_{it} \\ TFPCH_{it} \\ D\ln EE_{it} \end{pmatrix}$，$z_{i,t-1} = \begin{pmatrix} D\ln P_{i,t-1} \\ TFPCH_{i,t-1} \\ D\ln EE_{i,t-1} \end{pmatrix}$，

C_0 的定义与式（8—8）中的定义相同，u_{it} 是不存在结构相关的随机扰动项。

由式（8—16）可以得到简化式的 PVAR 模型：

$$z_{it} = C(L) z_{i,t-1} + e_{it} \quad (8—17)$$

式（8—17）中，$C(L) = C_0^{-1} B(L)$，$e_{it} = C_0^{-1} u_{it}$ 是存在结构相关的随机扰动项。式（8—17）可以用普通最小二乘法进行估计出。式（8—17）还可表示为：

$$(I - C(L)L) z_{it} = e_{it} \quad (8—18)$$

如果行列式 det [C (L)] 的根都在单位圆外,则式(8—17)满足平稳性条件,可以表示为无限阶向量移动平均的形式:

$$z_{it} = H(L) e_{it} \quad (8—19)$$

由式 (8—19) 可得, $H(L) = (I - C(L)L)^{-1}$,又据 $e_{it} = C_0^{-1} u_{it}$,可得:

$$z_{it} = (I - C(L)L)^{-1} C_0^{-1} u_{it} = \Theta(L) u_{it} \quad (8—20)$$

式(8—20)中,$\Theta(L) = \Theta_0 + \Theta_1 L + \Theta_2 L^2 + \cdots$,其中,$\Theta_k$ 为 $z_{i,t+k}$ 对于冲击 u_{it} 的响应。为此,欲获得 SVAR 模型式(8—16)的参数估计并计算其脉冲响应函数,需按如下的两步法(Bemanke,1986)进行:先用普通最小二乘法估计简化式的 PVAR 模型式(8—17)中的系数矩阵 C (L) 及 e_{it},再通过给结构关系矩阵 C_0 及结构误差项 e_{it} 的方差－协方差阵施加约束条件对 C_0 进行识别。在获得 C_0 的估计后,由 $u_{it} = C_0 e_{it}$ 及式(8—20)可以获得响应的脉冲响应函数。有关识别 SVAR 模型的约束施加方法详见高铁梅(2009)。

表8—6 给出了 PVAR 模型式(8—17)的参数估计结果。

表8—6　　　　　　　　PVAR 模型参数估计结果

响应源	响应变量		
	DlnP	TFPCHCH	DlnEE
DlnP (-1)	-0.422	-0.071	-0.175
	[-8.464]	[-1.726]	[-1.915]
DlnP (-2)	-0.198	-0.041	-0.125
	[-4.159]	[-1.039]	[-1.427]
DlnP (-3)	0.013	-0.006	0.020
	[0.276]	[-0.171]	[0.229]
DlnP (-4)	-0.047	0.065	0.155
	[-0.955]	[1.594]	[1.715]
TFPCH (-1)	0.045	0.092	-0.176
	[0.625]	[1.547]	[-1.329]

续表

响应源	响应变量		
	DlnP	TFPCHCH	DlnEE
TFPCH（-2）	-0.072	0.271	0.021
	[-1.016]	[4.595]	[0.165]
TFPCH（-3）	-0.047	0.218	0.068
	[-0.645]	[3.622]	[0.507]
TFPCH（-4）	-0.002	0.161	0.195
	[-0.037]	[2.594]	[1.417]
DlnEE（-1）	-0.091	-0.048	-0.177
	[-3.096]	[-1.964]	[-3.259]
DlnEE（-2）	-0.114	-0.067	-0.072
	[-4.190]	[-3.002]	[-1.447]
DlnEE（-3）	-0.088	-0.058	-0.106
	[-3.270]	[-2.616]	[-2.138]
DlnEE（-4）	-0.000	-0.008	-0.095
	[-0.029]	[-0.391]	[-2.006]
常数项	0.217	0.258	-0.069
	[2.355]	[3.402]	[-0.407]
R^2	0.232	0.250	0.085
Log likelihood	497.046	563.739	285.627
Schwarz SC	-2.637	-3.021	-1.422
Schwarz criterion	-7.278		

注：使用计量软件 Eivews6.0 进行估计；最优滞后期由 SC 准则选择；方括号内的数值是对于参数估计值的 T 统计量值。

资料来源：笔者自制。

为对扰动项之间是否存在同期相关进行检验，对上述 PVAR 模型估计得到的残差序列作相关性分析，结果见表8—7。表8—7 的残差序列相关系数矩阵中，技术进步与能源效率变化率的相关系数为 0.401，表明 PVAR 模型随机扰动项的同期相关性较高，因此需要在式（8—17）PVAR 模型的基础上进一步构建式（8—16）

SVAR 模型进行分析。

表 8—7　　　　PVAR 模型残差序列的同期相关系数矩阵

相关系数	D1nP	TFPCH	D1nEE
D1nP	1.000	-0.053	-0.141
TFPCH	-0.053	1.000	0.401
D1nEE	-0.141	0.401	1.000

注：使用计量软件 Eivews6.0 进行计算。
资料来源：笔者自制。

为获得式（8—16）的 SVAR 模型并进行脉冲响应分析，需要在上述 PVAR 模型估计结果的基础上，对结构关系矩阵 C_0 及结构误差项 e_{it} 的方差-协方差阵施加约束条件：由于式（8—16）的 SVAR 模型中内生变量的个数是 3，故至少需要施加 $2K^2 - K(K+1)/2 = 12$ 个约束才能使 SVAR 模型可识别，注意到 $u_{it} = C_0 e_{it}$ 及 C_0 对角线上元素均为 1，这相当于施加了 $K^2 + K = 12$，但将 $u_{it} = C_0 e_{it}$ 与 $A e_{it} = B u_{it}$ 进行比较可知，约束重复计算了 $K - 1 = 2$ 次，实际的约束数为 $12 - 2 = 10$ 个，因此，还需要增加 2 个约束条件才能使本研究的 SVAR 模型可识别。

根据表 8—7 的残差序列相关系数矩阵结果，由于 $D\ln P$ 残差序列与 $TFPCH$ 残差序列之间的相关系数仅为 -0.053，可以认为残差序列 $D\ln P$ 与 $TFPCH$ 残差序列之间不存在同期相关。同理，$D\ln P$ 与 $D\ln EE$ 之间的相关系数为 -0.141，也可以认为残差序列 $D\ln P$ 与 $TFPCH$ 残差序列之间不存在同期相关。事实上，这也比较符合实际情况，这是因为，能源作为一种基本的生产要素与生活资料，使能源价格对于技术进步及能源效率的变化缺乏敏感性，因而能源价格的变动对于技术进步及能源效率的变化同期相关性不显著而存在时滞性。因此，本研究增加以下 2 个短期约束：一是能源价格对技术进步的变化没有同期反应，即 C_0 矩阵中的元素 $c_{12}=0$；二是能源价格对能源效率波动的变化没有同期反应，即 C_0 矩阵中的元素 $c_{13}=0$。

在以上假设的约束下，可估计得到系统内生变量同期相关结构矩阵：

$$C_0 = \begin{pmatrix} 1.000 & 0.000 & 0.000 \\ 2.433 & 1.000 & 9.193 \\ -0.653 & -20.907 & 1.000 \end{pmatrix}$$，具体估计结果见表8—8。

表8—8　SVAR模型内生变量同期结果系数矩阵的参数估计结果

参数	估计值	标准误	Z-统计量	P值
c_{21}	-2.433	0.105	-23.040	0.000
c_{23}	-9.193	0.350	-26.260	0.000
c_{31}	0.653	0.063	10.231	0.000
c_{32}	20.907	0.794	26.322	0.000
对数似然值		527.459		

注：使用计量软件 Eivews6.0 进行估计。

资料来源：笔者自制。

需要注意的是，VAR 类模型在经济预测和政策评价上的应用是有条件的[①]，它回避了结构约束问题，只有那些没有政府干预完全按照市场规律运行的经济体（系统），VAR 类模型方可成功预测。反之，对于存在政府干预的系统，采用 VAR 类模型进行的预测很难获得成功（李子奈和叶阿忠，2012）。考虑到样本期内中国能源市场执行的是计划和市场的价格双轨制度以及 PVAR 模型上述

[①] 由于 VAR 类模型的建立通常不需要经济理论的支撑，因而，VAR 类模型很少用于对经济系统进行长期均衡关系的边际分析或弹性分析，其应用更多的是将它作为一个动态平衡系统，分析该系统受到某种冲击时系统中各个变量的动态变化，以及每一个外生冲击对内生变量变化的贡献度，即脉冲响应分析和方差分解分析。这也是 Sims 获得2011年诺贝尔经济学奖的主要原因。

局限，本研究不直接对 PVAR 模型参数估计结果进行经济分析和政策评价，而是采用基于 PVAR 模型的脉冲响应函数和方差分解技术，分析各能效因素的外生扰动对能源效率所产生的动态效应。

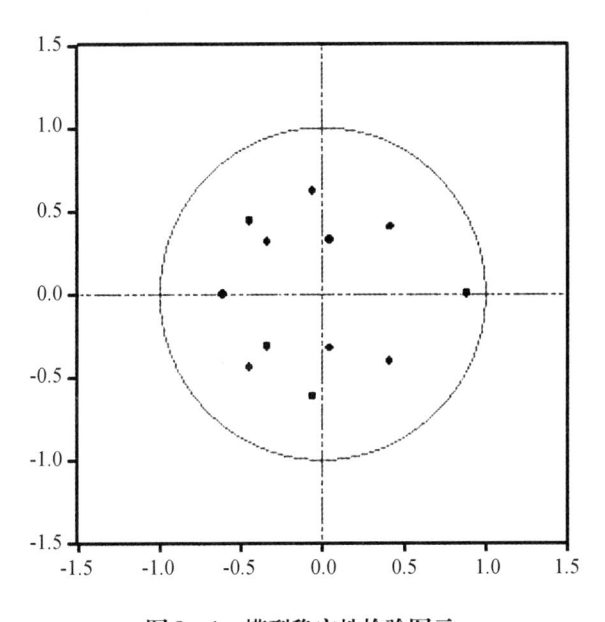

图 8—1 模型稳定性检验图示

资料来源：笔者自制。

在对 PVAR 模型进行脉冲响应分析和方差分解之前，需要检验模型的稳定性，PVAR 模型稳定要求模型特征方程的根全在单位圆内，图 8—1 是模型特征方程的根在复平面上的散点图。图 8—1 表明，模型方程所有的特征根的倒数都在单位圆内，可知本研究所构建的 PVAR 模型是稳定的。

五 波动传导机制分析

为研究各内生变量在偏离平衡增长路径时的波动传导机制，在 SVAR 模型的基础上对脉冲响应函数进行分析，其优点在于能够分析模型受到某种冲击时对系统的动态影响。

(1) 能源效率的脉冲响应分析

图 8—2 是能源价格波动变化对能源效率增长率的脉冲响应函数图，其描绘了当能源价格波动率受到一个外生正交化冲击后，对能源效率增长率的当前值和未来值所带来的影响。在下列各脉冲响应分析图中，横轴表示冲击作用的滞后期数，纵轴表示某变量受其他变量外生冲击所产生的响应，实线表示脉冲响应函数，虚线表示正负两倍标准差偏离带。

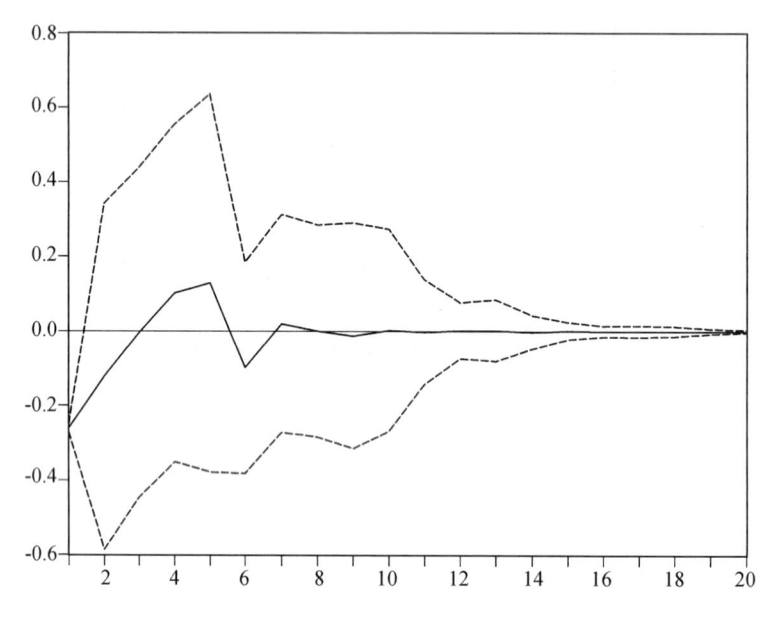

图 8—2　D1nP 扰动对 D1nEE 的正交化脉冲响应函数

资料来源：笔者自制。

图 8—2 表明，当在本期给能源价格波动率一个外生单位正交化冲击后，能源效率改善在前 2 期为负，随后逐渐增长，至第 5 期达到最大正向影响 12.91%，此后经小幅波动收敛于 0。这一结果表明了能源价格在政府计划调控下难以客观反映市场供需关系的现实，还表明了能源价格对能源效率改善具有时滞性的特点。

图 8—3 是技术进步的变化对能源效率增长率的脉冲响应函数

图，其描绘了当技术进步受到一个外生单位正交化冲击后，对能源效率增长率的当前值和未来值所带来的影响。图8—3表明，当技术进步获得一个外生单位正交化冲击后，在第1期对能源效率改善呈现了正向影响（10.82%），随后波动并逐渐收敛于0。这一结果表明，技术进步与能源效率改善是共生的，技术进步对于能源效率改善具有正向促进作用，但是由于现阶段重工业化发展片面追求产量增长的"高产出、高能耗"的技术现状，技术进步对能源效率改善的作用缺乏持续效应。

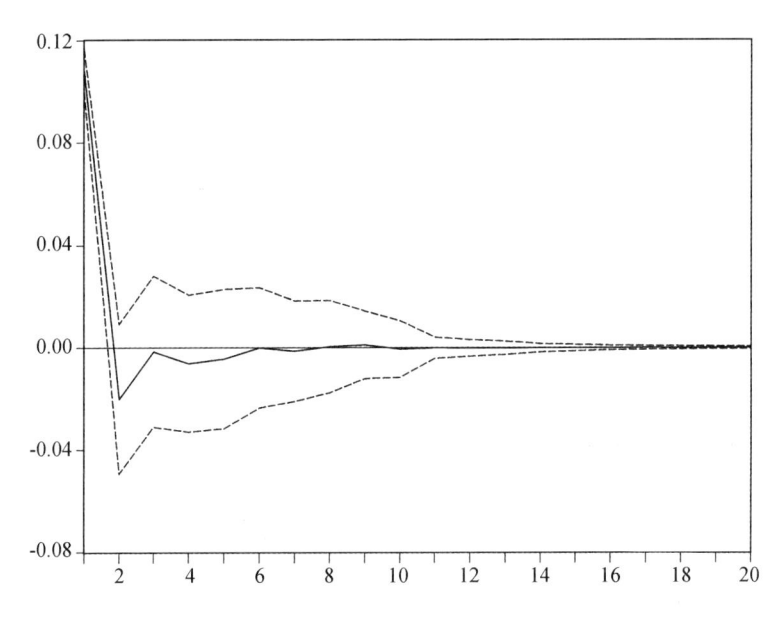

图8—3 TFPCH扰动对D$\ln EE$的正交化脉冲响应函数

资料来源：笔者自制。

（2）能源价格的脉冲响应分析

图8—4是技术进步的变化对能源价格波动的脉冲响应函数图，其描绘了技术进步在受到一个外生单位正交化冲击后，对能源价格波动的当前值和未来值所带来的影响。图8—4表明，当技术进步获得一个外生单位正交化冲击后，在滞后2、3、4期能源价格的变

化是反向的,在滞后 5 期呈现正向影响,对随后趋向于 0。这一结果表明了技术进步对能源价格的变化具有反向的影响,技术进步可以在一定程度上节约能源而降低能源价格,但作用是短暂且有限的。技术进步虽然节约了能源消耗而降低了能源价格,但是长期能源效率的提高将扩大经济生产规模而对能源消耗产生新的需求。这一结果提示了中国的能源消耗可能存在回弹效应。

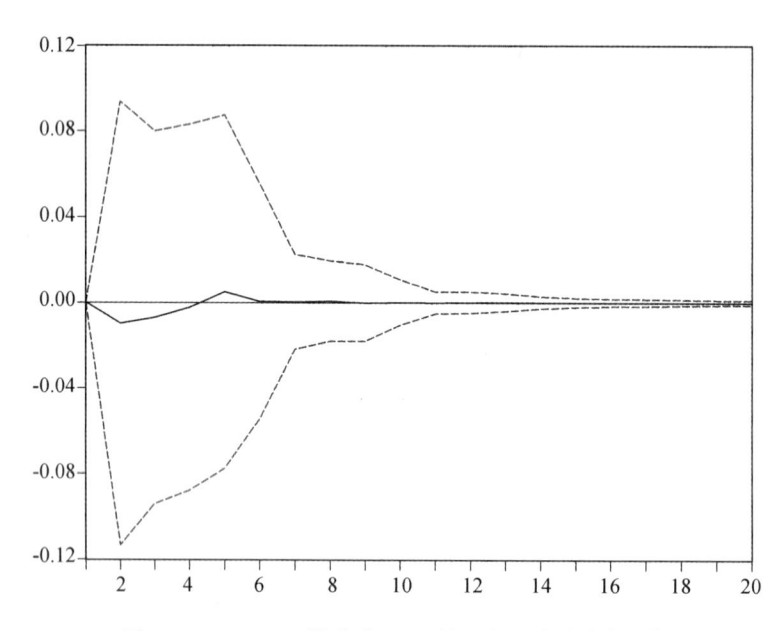

图 8—4　TFPCH 扰动对 D1nP 的正交化脉冲响应函数

资料来源:笔者自制。

图 8—5 表明,当能源效率改善在本期获得一个外生单位正交化冲击后,对与能源价格增长率没有显著影响。这一结果表明了能源要素所特有的稀缺性和不可再生性。

(3)技术进步的脉冲响应分析

图 8—6 是能源价格增长率对技术进步的脉冲响应函数图,其描绘了能源价格扰动项的一个外生单位正交化冲击对技术进步的当前值和未来值所带来的影响。图 8—6 表明,当能源价格增长率在

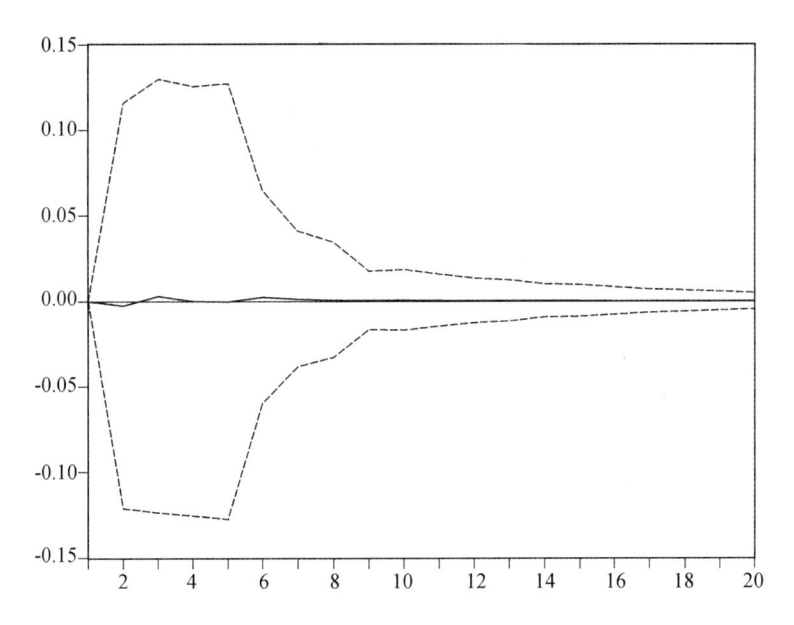

图8—5 D1n*EE* 扰动对 D1n*P* 的正交化脉冲响应函数

资料来源：笔者自制。

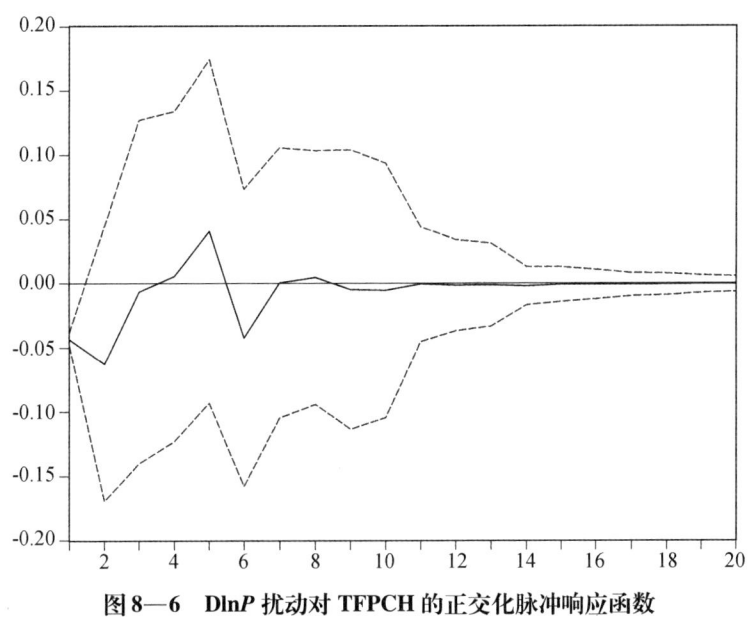

图8—6 D1n*P* 扰动对 TFPCH 的正交化脉冲响应函数

资料来源：笔者自制。

本期获得一个外生的正交化冲击后，对技术进步随产生的脉冲响应值逐步增加，并在滞后 5 期达到最大值。这一结果表明了能源价格的提高对技术进步的促进作用存在时滞效应。

图 8—7 是能源效率变化对技术进步的脉冲响应函数图，其描绘了能源效率扰动项的一个外生单位正交化冲击对技术进步的当前值和未来值所带来的影响。图 8—7 表明，当能源效率的变化在本期获得一个外生的正交化冲击后，对技术进步所产生的脉冲响应值在滞后 1 期达到最大值，随后下降并收敛于 0。这一结果表明了能源效率的提高本身就是一种技术进步的体现。

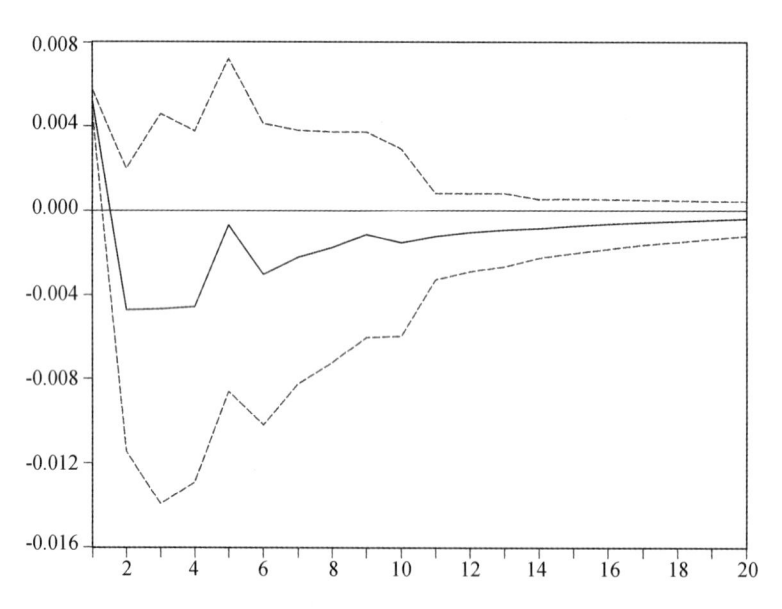

图 8—7　D$\ln EE$ 扰动对 TFPCH 的正交化脉冲响应函数

资料来源：笔者自制。

六　各影响因素对能源效率变动效应的贡献

由上述脉冲效应分析可见，技术进步和能源价格均在一定程度上影响着能源效率，为了评价这些影响因素的结构冲击对能源效率变动的重要性，进一步对能源效率变动效应进行方差分解，图 8—

第八章　中国能源价格、技术进步对能源效率的变动效应研究　　175

8 为各变量对能源效率的方差分解图。

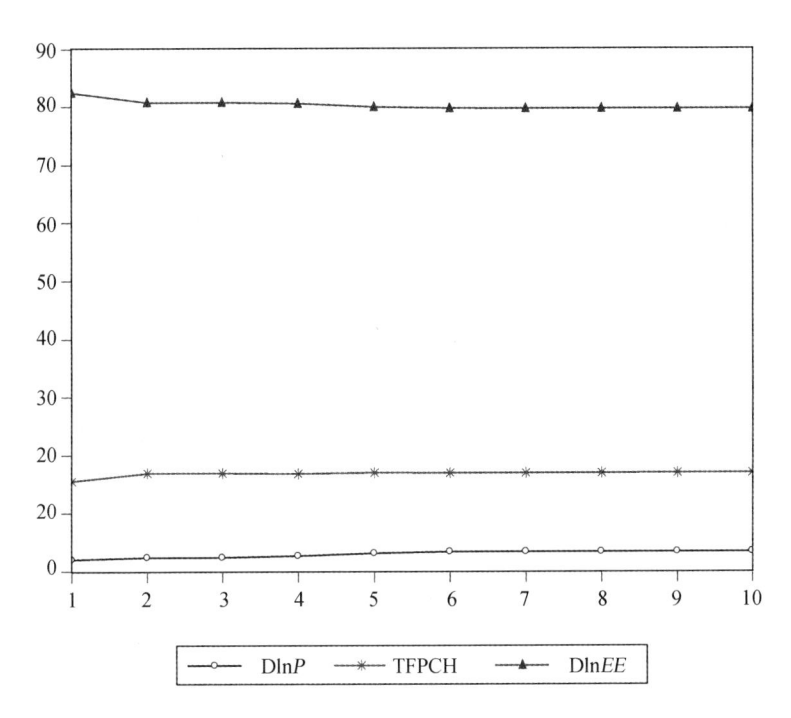

图8—8　技术进步及能源价格变化对能源效率变动的贡献率

资料来源：笔者自制。

由图8—8可见，技术进步对能源效率的变动所产生的贡献是随时间而缓慢增加的，由滞后1期的15.57%逐步上升至第8期的16.97%；能源价格波动对能源效率的变动所产生的贡献也是随时间而缓慢增加的，由滞后1期的2.01%逐步上升至第8期的3.31%；能源效率来自自身变化的贡献则随时间而缓慢下降，由滞后1期的82.41%逐步下降至第8期的79.69%。图8—8的结果表明，能源价格对于能源效率改善的贡献作用较为有限，而通过技术进步来提高能源效率则更具实践性。能源效率的变动在时间上所具有的"惯性"反映了提高能源效率任务的艰巨性。

第五节 小结

本章采用中国省际面板数据，通过 DEA 方法测度了各省区 Malmquist TFP 指数，在此基础上根据面板数据模型分析了能效因素与能源效率的长期均衡关系，并通过基于 PVAR 模型的脉冲响应函数与方差分解技术研究了能源价格、技术水平对能源效率的波动传导机制，分析结果表明：

（1）对能源效率影响因素与能源效率长期均衡关系的计量分析发现，技术进步对能源效率的提高具有显著的正向作用，这表明技术进步有利于促进能源效率的改善；然而，能源效率变化率关于能源价格变化率的回归系数不显著，这反映了中国能源价格在执行计划和市场的双轨制度下，能源价格难以客观反映能源市场的供需状况。

（2）脉冲响应分析发现，能源价格扰动对能源效率改善具有时滞性的特点；技术进步扰动对于能源效率的改善具有正向促进作用，但是缺乏持续效应；能源效率的扰动对能源价格的影响不显著，表明了能源要素所特有的稀缺性和不可再生性；能源效率的改善可以带动技术进步；能源价格的提高对技术进步的促进作用存在时滞效应；能源效率与技术进步的改善可以在一定程度上节约能源而降低能源价格，但作用是短暂且有限的，而且技术进步扰动对能源价格的脉冲响应在第 5 期表现为正向作用的结果说明中国的能源消耗可能存在回弹效应。

（3）从各因素对提高能源效率的作用程度看，技术进步对能源效率改善的贡献程度大于能源价格波动对能源效率改善的贡献程度，这表明价格机制对能源效率改善的贡献作用较为有限，而通过技术进步来提高能源效率则更具实践性。能源效率的变动在时间上所具有的"惯性"反映了提高能源效率任务的艰巨性。

第九章

主要结论、政策思考与研究展望

中国在提高能源效率上取得了有目共睹的进步,然而,能源消耗总量仍未能得到有效的控制。中国经济发展中是否存在能源回弹效应,并且回弹效应是否加剧了中国能源消耗总量的持续攀升?这是事关中国经济发展战略与能源政策制定的重要问题。为此,本研究在探寻回弹效应形成机理的基础上,从技术溢出的视角,分别对中国各省区、宏观经济与各行业以及居民交通消费中的能源回弹效应进行了实证研究,以对中国能源回弹效应有一个相对全面的轮廓描述,进而清楚认识并解决提高能源效率与回弹效应二者之间的关系,最终为中国的节能降耗提出相应的政策建议,以应对能源耗竭对中国经济可持续发展带来的挑战。

第一节 研究结论

(1)针对回弹效应的形成机理,在已有图解分析的基础上,根据一般均衡条件构建数理模型推导了能源消耗关于能源使用效率改善的回弹效应解析式。结果表明:a)短期回弹效应大小取决于能源要素的供给价格弹性和能源要素的需求价格弹性两方面,并且在短期,回弹效应可表现为零回弹效应、部分回弹、全回弹和回火四种情形,但是在短期,回弹效应无法实现超节能的回弹情形;b)

长期回弹效应大小除了取决于能源要素的供给价格弹性、能源要素的需求价格弹性之外，还与非能源要素边际产出关于各要素的交叉弹性及非能源要素的供给价格弹性有关，并且在长期，回弹效应不仅可表现为零回弹效应、部分回弹、全回弹、回火四种情形，还可能出现超节能的回弹情形。

（2）为探寻中国能源消耗与经济增长之间的演变关系，在 EKC 假说的框架下，采用灵活稳健的半参数面板数据模型对中国二氧化碳排放的 EKC 进行实证研究。结果表明：a）中国及其东部存在二氧化碳排放的 EKC，转折点为 0.76 千元的人均实际 GDP（以 1995 年的不变价格计算），但是中、西部不存在该曲线，中部即将到达 EKC 的转折点，西部无任何迹象显示 EKC 转折点的到来。这反映了东部在经过"退二进三"的产业结构调整后已基本实现了经济增长与碳排放相脱钩的目标，然而中、西部在中部崛起战略、西部大开发战略的实施过程中尽管逐步缩小了与东部的经济差距，但由于正处于工业化与城市化发展的中期，高耗能、高排放依旧是中、西部经济增长的特征；b）省区的人均实际 GDP 与其非参数项的散点图表明，经济增长与环境压力的关系存在俱乐部收敛，其中东部地区是第一俱乐部，中、西部地区是第二俱乐部，第一俱乐部以经济水平高、人均二氧化碳排放量呈下降趋势为特点，第二俱乐部则以经济水平较低、人均二氧化碳排放呈升高趋势为特点；c）次贷危机在对各地区的经济增长带来较大冲击的同时，也暂时减缓了工业比重大的地区对能源的需求与二氧化碳的排放。这说明了产业结构的调整对二氧化碳排放具有正向影响，EKC 的参数、半参数模型中产业结构的系数均为正值也支持了这一结论；d）EKC 实证结果提示，经济增长与能源消耗之间的关系随时空的变化而演变，二者之间并非是线性变化的关系，这为后续使用半参数空间面板数据模型研究地区间技术溢出效应经济增长问题及能源回弹效应提供实证支持。

（3）针对既有文献测算回弹效应普遍忽略经济空间技术溢出效应以及能源—经济非线性关系的缺憾，鉴于能源使用效率数据的可获性，并考虑到能源效率与技术进步的内生影响关系，将能源效率改善所致的回弹效应测算问题转化为技术进步所致的回弹效应测算问题进行研究，在构建三要素经济增长的半参数空间面板数据模型的基础上，给出经济增长过程中技术进步所致的回弹效应测算方法，进以中国省际面板数据对经济增长过程中的回弹效应进行实证研究。结果表明：a）中国省区的经济增长不仅与本地区的要素投入有关，还受到来自邻接省区经济发展水平的影响，区域经济增长中存在显著的空间自相关性。空间滞后项的系数显著为正，这一结果表明某一个地区的经济增长会随着的空间相关结构传递到相邻地区，并且这一传递形式是具有很长的时间延续性并且是衰减的，因此，在研究中国经济增长问题时不能忽视经济空间的技术溢出效应；b）能源要素对经济增长的影响是非线性影响的，经济产出关于能源投入的弹性随能源投入量的时空变化而变化，且能源要素对产出的影响较资本和劳动力对产出的影响小，总体而言能源产出弹性还处于较低的水平。这与本研究中经济增长与环境压力 EKC 假说研究中二者的关系随时空的变化而演变的结论相吻合；c）从回弹效应的存在性看，能源消耗在中国经济发展中存在回弹效应的现象，但并非所有年份均会出现回弹效应。这是因为个别省区的某些年份能源效率无改善或技术无进步，使得经济增长主要依赖于要素的投入，即经济增长表现为低质量的粗放式的经济增长，而非技术进步驱动的高质量的经济增长，此时将无法形成回弹效应的情形。然而，当技术进步并且能源效率得到提高时，回弹效应就会出现；d）从回弹效应的省区分布看，回弹效应相对集中出现在东部地区，其原因是这些省区具有较好的技术优势，能够形成技术进步，并通过技术进步促进经济扩张而拉动能源要素投入，因而更容易出现回弹效应，而经济欠发达省区，由于技术滞后不前，但迫于发展经济的需要，不得不加大要素的投入，造成生产效率及能源使用效率低下的困境，这些省区能源消耗的增加并非是回弹效应所致的，而是由于技术水平和经济增长质量低下；e) 从回弹效应的时间演变看，大部分省区所出现的回弹效应主要集中在2001年以前，2002年以后回弹效应出现的频数明显比2001年以前要少，这种时间分布特征在中、西部地区表现更为明显，这是因为中、西部地区在2002年以后加速了工业化发展进程，机械、冶金、化工等高耗能工业行业的高速发展极大地增加了对能源的需求，使得能源消耗的增速高于实际GDP的增速，致使这些省区的生产效率停滞不前；f) 从回弹效应的大小看，所出现的回弹效应值大部分小于100%，也有少数省区的回弹效应值大于100%的情形，即各省区虽然存在不同程度的回弹效应，但是回火现象却较少出现。这一结果表明，提高能源效率虽然因回弹效应增加能源消耗，但能源节约量大多数情况下大于能源回弹量，因而，就目前看，提高能效率仍将是节能降耗的有效途径。

（4）针对既有文献测算回弹效应普遍忽略经济部门技术溢出效应的缺憾，从整个社会经济系统综合联系的角度，给出一种基于能源投入产出序列表的回弹效应稳健测算方法。通过编制中国1997年、2002年、2007年、2010年的含能源实物流量的价值型能源投入产出可比较序列表，测算出中国各行业及整体经济的能源回弹效应。分析结果表明：a) 中国各部门之间的能源消耗存在技术溢出效应。即某一个行业能源效率的提高不仅会影响本行业的能源消耗与产业经济的增长，同时也会对其上、下游行业的能源消耗与产业发展产生影响。因此，在分析各行业的能源回弹效应时，需要考虑其技术外溢效应；b) 中国的能源强度存在显著的行业异质性。中国能源强度高的行业主要集中在能源生产与加工业、金属冶炼及压延加工业、非金属矿物制品业、化学工业、交通运输仓储和邮电通信业、造纸印刷及文教体育用品制造业这6大行业，批发和零售贸易餐饮业、农林牧渔业等行业的能源强度较低。以2012年为例，金属冶炼及压延加工业的能源强度是批发和零售贸易餐饮业能源强度的34.05倍；c）建筑业、金属制品业、纺织服装鞋帽皮革羽绒及其制品业、交通设备电子电气制造业的完全综合能耗系数远高于其直接能耗系数。以1997年建筑业为例，其直接能耗系数仅为0.041吨标准煤/万元，但完全综合能耗系数为1.226吨标准煤/万元，是直接能耗系数的29.597倍。这些行业的直接能耗并不算太高，但由于在生产过程中需要大量高能耗产品作为其中间投入，从而这些行业的完全综合能耗系数远高于其直接能耗系数；d）金属冶炼及延压加工业、非金属矿物制品业、化学工业、水的生产与供应业、交通运输仓储和邮电通信业、能源生产与加工业的行业产出对于能源服务的投入较为敏感；e）能源在现代经济社会中的基本要素地位愈发重要。从整体经济的能源产出弹性看，由1997年的0.0981增长至2010年的0.1496，呈现出明显的上升趋势；f）整体经济能源强度的下降抑制了中国整体经济能源消耗的增长，但1997—2002年、2002—2007年、2007—2010年的能源强度的变动对整体经济能源消耗增长的抑制力不断下降；g）整体经济产业结构样本期内的变化拉升了中国整体经济的能源消耗量，但产业结构的变动对整体经济能源消耗的变动由拉升作用开始转向抑制作用；h）整体经济规模样本期内的扩张拉升了中国整体经济的能源消耗量，且拉升作用具有增大的态势。这一结果进一步说明了粗放式的经济高速增长是中国能源消耗量急剧增长的重要原因之一；i）各行业在不同程度上都存在能源回弹效应的现象，但并非所有年份都会出现回弹效应，其原因是能源效率无改善。如金属矿采选业在

2007—2012年能源消耗增速高于行业增加值增速，能源效率不升反降，从而缺乏形成能源回弹效应的前提条件。值得注意的是，各行业及经济整体的均没有出现超节能和回火的情形，1997—2002年、2002—2007年、2007—2010年整体经济的能源回弹效应并不高，基本稳定在12%—16%，1997—2010年整体经济的能源回弹效应也仅为17.13%。因此，当前我国整体经济的能源回弹效应并不高，不必过于担忧由于能源效率改善所致的回弹效应而造成能源消耗量骤增的问题；j) 尽管普遍各行业均在不同程度上存在着能源回弹效应，但由于没有出现回火的情形，这意味着尽管经济增长增加了对能源的消耗，但所增加的能源消耗量还是低于能源效率提高所节约的能源量，因此，能源效率的改善仍然具有积极的节能意义。尤其是对于农林牧渔业、其他制造业、批发和零售贸易餐饮业、食品制造及烟草加工业等低能源回弹效应行业和纺织服装鞋帽皮革羽绒及其制品业、金属制品业、建筑业等这些无能源回弹效应的行业，提高这些行业的能源效率即使会出现能源回弹效应，但只要是在低水平范围内的能源回弹效应仍然具有积极的节能降耗意义；k) 1997—2010年能源回弹效应较高的行业为金属冶炼及压延加工业、金属矿采选业、化学工业，这三个行业的能源回弹效应都超过了45%；其次是能源生产与加工业、非金属矿物制品业、非金属矿采选业。

（5）技术在部门间的溢出效应使能源价格的变化会引致经济体一系列的价格调整、产品消费与能源需求的变动。针对能源使用效率数据难以获得的局限，根据居民家庭消费支出及商品或服务价格数据，通过建立LA-AIDS模型刻画居民家庭在各类商品或服务中的支出份额与支出总额及商品价格之间的需求关系，并在此基础上分析客运交通能源使用效率的改善所带来的运输成本下降及其对居民交通需求的影响，进而测算出中国客运交通中的能源回弹效应。结果表明：a）居民支出水平与交通消费的价格对于交通消费的需求均具有重要影响，并且支出水平对交通消费的需求影响大于价格对交通消费的需求影响。交通消费的自价格弹性为负，表明客运交通价格的下降将增加居民的交通消费支出占总支出的份额；交通消费的支出弹性为正，表明居民支出水平的增加也会引起居民交通消费支出占总支出份额的增加；并且交通消费支出份额关于支出水平是富有弹性的，而关于价格是缺乏弹性的，因而支出水平比价格对交通消费支出份额的影响更大。b）客运交通中能源使用效率的提高通过价格机制增加了能源消耗进而产生回弹效应，部分抵消了由于能源使用效率提高所节约的能源量，回弹效应值高达86.55%，逼近回火的警戒线。c）居民收入水平的快速提高及购买力的增强所带来的消费结构升级是客运交通快速发展的重要原因，也是客运交通运输中能源消耗持续增长的重要影响因素。

第二节　对中国能源回弹效应的审视

（1）如何看待技术进步或能源使用效率提高所致的能源回弹效应？

理论上，技术进步或能源使用效率的提高，都可能会引起能源回弹效应，但是，能否因此而得到"为了节约能源消耗而放弃提高能源使用效率的技术创新"这一结论呢？

答案是否定的。本研究表明，节能效果是能源使用效率改善所带来的理论节能量与回弹量共同作用的结果，当回弹量小于理论节能量时，技术进步或能源使用效率的提高对于节能效果来说"功大于过"；只有当回弹量完全抵消理论节能量时（即出现回火情形时），技术进步或能源使用效率的提高才会导致单位产出的能源消耗量不降反增的"过大于功"的尴尬局面。然而，回火情形的出现是有条件的，在短期内只有当能源需求关于能源价格是富有弹性时，才会出现回火的情形，在长期也只有当能源要素边际产出关于能源消耗的弹性满足特定条件时，才会出现回火的情形。因而无须"谈回弹效应色变"。

另外，在提高能源使用效率尤其是进行技术创新实现技术进步的过程中，务必警惕由此而可能产生的回火情形。技术进步对能源消耗的作用机制是复杂的，并非所有的新技术带来的技术进步都有利于节约能源，一些新工艺、新技术尽管可以促进生产率的提高，降低生产成本，但是，随着产品价格的下降，消费者也将增加这种产品的消费，从而促使企业扩大生产规模，进而增加了能源消耗总量，这种情形对于高能源含量产品表现尤为突出，此时就需要警惕回火情形的出现。

从政策启示看，回弹效应要求我们利用好"技术进步"这把双刃剑，一方面需要加大研发投入，提高技术水平，着力提升能源使用效率；另一方面，需要通过价格、能源使用附加税等价格和税收杠杆平抑回弹效应。

（2）如何看待中国的能源回弹效应？

能源回弹效应的大小是衡量技术进步与其他能源调控手段实施效果的重要指标，中国的能源回弹效应是否足以影响既定节能目标的实现呢？

本研究表明，能源消耗在中国经济发展中确实存在回弹效应的现象，但具有明显的阶段性和区域性的特点。因为当能源效率无改善或技术无进步时，经济增长主要通过要素投入的拉动，即经济增长表现为低质量的粗放式的经济增长，而非技术进步驱动的高质量的经济增长，从而无法形成回弹效应的情形。改革开放以来，中国一直处于资本不断深化的过程，资本密度的加速上升使得经济中投资效率加剧恶化，经济增长过分依赖于固定资产投资与劳动力资本投入的拉动，资本更加集中于钢铁、化工、建材等高耗能行业，经济向效率缺失的方向发展，这就导致了中国能源回弹效应的出现是间歇性的，并且处于较低的回弹水平，即所出现的回弹效应总体上看呈现出节约能源的特征。另外，随着居民收入水平的快速提高，居民购买力不断增强，消费结构持续升级，此时，居民家庭电器及出行交通工具能源使用效率的提升也会产生回弹效应，需要引起政府及交通运输管理部门的充分重视，以更好地实现节能降耗。因此，中国的能源回弹效应并非是中国能源消耗总量持续攀升的主要原因，但却对既定节能目标的实现具有较为重要的影响。

从政策启示看，受限于经济发展阶段的制约与经济发展模式的阻力，能源使用效率与技术水平低下是当前经济生产效率不高及能源消耗过快的主要原因，着力提高能源使用效率仍将是中国未来相当长的一段时间里保障能源安全的重要手段。

第三节　中国节能对策的政策建议

（1）弱化经济增长目标，强化经济增长质量和效益。本研究表明，经济规模的扩张是中国能源消耗攀升的重要原因。在长达30年的高速发展后，中国进入经济增速放缓的新常态之新形势，中国的节能降耗也迎来了难得的缓冲期。过去30年中国经济增长的主要动力来自资本投入与固定资产投资，未来由于投资回报率的下降，投资拉动的高经济增长趋势将难以持续，而能源约束对经济增长的负面影响将进一步加剧。如果继续将经济增长目标设定在较高的水平，如8%，如果达不到这个目标，即通过完善制度和采取各种促进经济增长的措施仍可能无法达到8%的情况下，地方政府可能会加大投资，以在短期内实现这个增长目标。也就是说，在经济新常态阶段，高经济增长也有可能以高能耗、环境污染为代价。因此，政府的经济增长目标不妨弱化一点，通过改革来强化体制目标，强化经济增长质量和环境效益，这样的规划才是可持续的。

（2）抵制不合理能源消耗，坚决控制能源消耗总量。为了平抑提高能源效率所可能带来的能源回弹效应，必须高度重视城镇化节能，树立勤俭节约的消费观，视节能为"第一能源"，加快形成能源节约型社会。改革开放以来，伴随着工业化进程加速，中国的城镇化经历着一个起点低、速度快的发展进程，城镇化对中国的经济社会所产生的作用具有双重性：一是城镇化极大地促进了经济社会的发展，二是城镇化也将会造成能源和资源的过度消耗，产生环境污染。因此，在城镇化背景下，走集约、智能、绿色、低碳的新型城镇化道路，抵制不合理能源消耗，加强能源消耗总量的控制，避免在城镇化过程中出现高能耗的锁定效应。

（3）提高能源效率仍将是未来很长时期的重要节能降耗手段。尽管能源效率的改善可能会引起能源回弹效应，本研究表明，中国整体经济的能源回弹效应并不高，回弹效应所抵消的能源效率改善的节能量仅占理论节能量的12%—18%，提高能源效率对于节能能耗始终具有积极的意义，尤其是纺织服装鞋帽皮革羽绒及其制品业、金属制品业、建筑业，这些行业由于能源效率未能有效显著改善，也未能形成能源回弹效应，应当着力提高这些行业的能源效率。因此，提高能源效率仍将是我国突破资源环境制约和可持续发展的根本对策。

（4）节能减排指标的分解应体现地区差异，东部沿海发达地区要制定更为积极的节能降耗发展目标。2014年年底的APEC会议，中国首次明确了2030年左右二氧化碳排放达到峰值。这是一个积极紧迫且有力度的目标，有利于形成促进经济发展方向向绿色低碳转型的"倒逼"机制。在这一减排"Cap"之下，如何根据各省区的经济发展水平、能源消耗状况和区域功能定位制定出合理的节能减排地区分解指标,将直接关系到这一目标能否如期实现。本研究表明,东部地区的能耗总量与能源回弹效应都高于中、西部地区,因此,东部地区应当制定更为积极的节能减排发展目标,在全国率先实现煤炭消费和二氧化碳排放峰值。

(5) 加快产业结构的优化升级,促进节能降耗。工业是我国能源消耗和二氧化碳排放的主要来源,工业能耗和二氧化碳排放占全国能耗总量和二氧化碳排放总量的比例约70%。本研究表明,工业化所致的第二产业占比的增加提高了中国整体经济的能源消耗量。1997—2010年中国整体经济能源消耗变动的产业结构效应为113.19%,即整体经济产业结构的变化提高了中国整体经济的能源消耗量,且在各行业能源强度、经济规模不变的条件下,产业结构变化所致的能源增长量为1997年能源消耗量的13.19%。近年来,经济结构调整成果显著,但是仍然不足以使整个经济体系朝着低碳化的方向发展。当前,中国的第三产业占GDP的比重不到50%,不仅远低于美国第三产业占GDP的比重(75%),甚至比同属亚洲的日本和韩国都低。这也表明中国通过产业结构的优化与升级的节能潜力巨大。因此,应当加快产业结构的优化升级,加速低能耗高附加值的绿色服务业的发展,同时,淘汰一些高能耗重污染的落后产业。

(6) 关注能源回弹效应高的行业,加强重点领域节能。本研究表明,1997—2010年能源回弹效应较高的行业为金属冶炼及压延加工业(78.55%)、金属矿采选业(60.60%)、化学工业(51.13%),这三个行业的能源回弹效应都超过了50%;其次是水的生产与供应业(40.91%)、非金属矿物制品业(34.36%)、能源生产与加工业(24.56%)、交通运输仓储和邮电通讯业(23.06%)、非金属矿采选业(21.83%)。而且,由于这些行业大多是高能耗行业,对整体经济的能源消耗具有较大的影响,因此,对于这些高能源回弹效应的行业在提高其能源效率的同时也要加强对这些行业发展速度的管控，重点关注并提升这些行业的综合效益和行业节能效果。

（7）加大低碳公共交通体系的建设。本研究表明，居民收入的提高和消费水平的升级对居民能源消耗的推动作用日益突出，中国居民在客运交通消费中的能源回弹效应高达86%。推广应用节能环保型交通运输装备，构建以节能为特征的低碳交通运输体系，建设智能交通，完善公共交通信息服务，推广应用智能交通调度管理系统，健全公共交通运输节能管理体系；建设轻轨、地铁、高铁、电动公共汽车等低能耗、高效率、清洁环保的公共交通工具，提高全民节能环保意识，引导人们低碳出行以平抑居民生活消费中的能源回弹效应。

（8）重视各行业之间的技术溢出效应，着力提升关键行业的能源效率。本研究表明，我国各部门之间的能源消耗存在明显的技术溢出效应，行业能源效率的提高不仅会影响本行业的能源消耗与产业经济的增长，同时也会对其上、下游行业的能源消耗与产业发展产生影响。建筑业、金属制品业、纺织服装鞋帽皮革羽绒及其制品业、交通设备电子电气制造业的完全综合能耗系数远高于其直接能耗系数，关键原因在于这些行业生产过程中需要大量高能耗产品作为其中间投入。因此，应当着力提升第二产业中主要中间投入品行业的能源效率，促进整体经济能效的改善和平抑能源消耗总量的攀升。

（9）加强能源领域的技术创新，推动能源体系的革命性变革。本研究分析表明，减缓化石能源消耗的二氧化碳排放是应对气候变化减排的主要领域和关键对策。在大力节能的同时，未来必须实现以新能源和可再生能源为主体的低碳能源体系取代当前以化石能源为主的高碳能源体系，能源供应体系和消费体系的高效和低碳化已成为世界范围内能源变革的新趋势。在确保安全的基础上,稳步、高效发展核能;加大研发投入,发展氢能技术等新能源技术,突破中国资源环境瓶颈性制约,才能实现可持续发展。因此,必须加强技术创新,打造低碳核心竞争力,建立并形成高效、安全、清洁、低碳的能源供应体系和消费体系。

(10)大力推进煤炭清洁高效利用技术,从根本上解决燃煤污染问题。根据中国能源消耗的历史特征及资源禀赋,煤炭是中国最重要的能源,以煤为主的能源格局在短期内不会改变。然而,煤用于发电的比例不足50%,煤的直接燃烧已引起了严重的环境污染问题,以煤为主的可持续发展的出路在于高效清洁利用。因此,应当大力推进先进的燃煤发电技术和煤基多联产能源系统技术,并逐步推进二氧化碳的捕获、利用和封存技术,从根本上解决燃煤污染问题。

第四节 研究展望

本研究力图对中国的能源回弹效应进行深入研究,然而,囿于能源回弹效应产生机制的复杂性及本人水平所限,本研究肯定存在诸多不足之处和不少值得进一步拓展研究的地方。具体如下:

(1)尽管本研究采用半参数空间面板数据模型从技术溢出视角动态考察了各省区历年回弹效应的情况,然而,由于能源经济系统涵盖多个部门与诸多因素,因此,如何把出口、资本、税收等因素及各生产部门的投入产出情况也纳入能源回弹效应的研究,是未来需要进一步研究的内容。

(2)尽管本研究考察了各省区生产过程中历年回弹效应的情况并给出了相关节能降耗的宏观政策建议,但如何根据各省区回弹效应的情况、经济发展目标和国家经济发展的区域布局对各省区进行节能降耗指标的分配及省区间碳减排指标的可转让机制研究，将是未来值得着力探讨的深层次问题。

参考文献

A. Greening, L., D. L. Greene and C. Difiglio, "Energy Efficiency and Consumption—the Rebound Effect—a Survey", *Energy Policy*, Vol. 28, No. 6 – 7, 2000.

Agénor, P. R., "Health and Infrastructure in a Model of Endogenous Growth", *Journal of Macroeconomics*, Vol. 30, No. 4, 2008.

Agras, J. and D. Chapman, "A Dynamic Approach to the Environmental Kuznets Curve Hypothesis", *Ecological Economics*, Vol. 28, No. 2, 1999.

Alam, M. J., et al, "Dynamic Modeling of Causal Relationship Between Energy Consumption, CO_2 Emissions and Economic Growth in India", *Renewable & Sustainable Energy Reviews*, Vol. 15, No. 6, 2011.

Allan, G., et al, "The Impact of Increased Efficiency in the Industrial Use of Energy: a Computable Eneral Equilibrium Analysis for the United Kingdom", *Energy Economics*, Vol. 29, No. 4, 2007.

Alston, J. M. and R. D. Gree, "Estimating Elasticities with the Linear Approximate Almost Ideal Demand System: Some Monte Carlo Results", *Review of Economics & Statistics*, Vol. 76, No. 2, 1994.

Ang, B. W., "The LMDI Approach to Decomposition Analysis: a Practical Guide", *Energy Policy*, Vol. 33, No. 7, 2005.

Anselin. L. , *Spatial Econometrics: Methods and Models*, Dordrecht: Kluwer Academic Publishers, 1988.

Anson, S. and K. Turner, "Rebound and Disinvestment Effects in Refined Oil Consumption and Supply Resulting from an Increase in Energy Efficiency in the Scottish Commercial Transport Sector", *Energy Policy*, Vol. 37, No. 9, 2009.

Arrow, K. , et al, "Economic Growth, Carrying Capacity, and the Environment", *Ecological Economics*, Vol. 15, No. 1, 1995.

Azgun, S. , "A Structural VAR Analysis of Electrical Energy Consumption and Real Gross Domestic Product: Evidence from Turkey", *International Journal of Economics & Finance*, Vol. 3, No. 5, 2011.

Azomahou, T. , F. O. Laisney and P. Nguyen Van, "Economic Development and CO_2 Emissions: a Nonparametric Panel Approach", *Journal of Public Economics*, Vol. 90, No. 6 – 7, 2006.

Barker, T. , P. Ekins and T. Foxon, "The Macro-Economic Rebound Effect and the UK Economy", *Energy Policy*, Vol. 35, No. 10, 2007.

Barro, R. J. , "Government Spending in a Simple Model of Endogeneous Growth", *Journal of Political Economy*, Vol. 98, No. 5, 1990.

Beaudreau, B. C. , "The Impact of Electric Power on Productivity. A Study of US Manufacturing 1950 – 1984", *Energy Economics*, Vol. 17, No. 3, 1995.

Bentzen, J. , "Estimating the Rebound Effect in US Manufacturing Energy Consumption", *Energy Economics*, Vol. 26, No. 1, 2004.

Berkhout, P. H. G. , J. C. Muskens and J. W. Velthuijsen, "Defining the Rebound Effect", *Energy Policy*, Vol. 28, No. 6 – 7, 2000.

Birol F, Keppler J H. Prices, "Technology Development and the Rebound Effect", *Energy Policy*, Vol. 28, No. 6, 2000.

Bovenberg, A. L. and S. Smulders, "Environmental Quality and Pollution-Augmenting Technological Change in a Two-Sector Endogenous Growth Model", *Recent Developments in Environmental Economics*, Vol. 57, No. 3, 1995.

Brajer, V., R. W. Mead and F. Xiao, "Health Benefits of Tunneling through the Chinese Environmental Kuznets Curve (EKC)", *Ecological Economics*, Vol. 66, No. 4, 2008.

Brännlund, R., T. Ghalwash and J. Nordstro, "Increased Energy Efficiency and the Rebound Effect: Effects on Consumption and Emissions", *Energy Economics*, Vol. 29, No. 1, 2007.

Brookes, L. G., "Energy Policy, the Energy Price Fallacy and the Role of Nuclear Energy in the UK", *Energy Policy*, Vol. 6, No. 2, 1978.

Cheng, B. S., "Energy Consumption and Economic Growth in Brazil, Mexico and Venezuela: a Time Series Analysis", *Applied Economics Letters*, Vol. 4, No. 11, 1997.

Chiou-Wei, S. Z., C. Chen and Z. Zhu, "Economic Growth and Energy Consumption Revisited—Evidence From Linear and Nonlinear Granger Causality", *Energy Economics*, Vol. 30, No. 6, 2008.

Chontanawat, J., L. C. Hunt and R. Pierse, "Does Energy Consumption Cause Economic Growth?: Evidence from a Systematic Study of Over 100 Countries", *Journal of Policy Modeling*, Vol. 30, No. 2, 2008.

Cleveland, C. J., R. Costanza, C. A. Hall and R. Kaufmann, "Energy and the U. S. Economy: a Biophysical Perspective.", *Science*, Vol. 225, No. 4665, 1984.

Cole, A., A. J. Rayner and J. M. Bates, "The Environmental Kuznets

Curve: an Empirical Analysis", *Environment and Development Economics*, Vol. 2, No. 4, 1997, .

Criado, C. O. , S. Valente and T. Stengos, "Growth and Pollution Convergence: Theory and Evidence", *Journal of Environmental Economics and Management*, Vol. 62, No. 2, 2011.

Crompton P, Wu Y R. , "Energy Consumption in China: Past Trends and Future Directions", *Energy Economics*, Vol. 27, No. 1, 2005.

Crompton, P. and Y. Wu, "Energy Consumption in China: Past Trends and Future Directions", *Energy Economics*, Vol. 27, No. 1, 2005.

Dargay, J. , "The Effect of Prices and Income on Car Travel in the UK", *Transportation Research Part A: Policy and Practice*, Vol. 41, No. 10, 2007.

Dasgupta, P. and G. Heal, *Economic Theory and Exhaustible Resource*, Cambridge: Cambridge University Press, 1979.

Dasgupta, P. and G. Heal, "The Optimal Depletion of Exhaustible Resources", *The Review of Economic Studies*, Vol. 41, No. 5, 1974.

Dolthitt and A. Robin, "The Demand for Residential Space and Water Heating Fuel by Energy Conserving Households", *Journal of Consumer Affairs*, Vol. 20, No. 2, 1986.

Dubin, J. A. and R. V. Chandran, "Price Effects of Energy-Efficient Technologies: A Study of Residential Demand for Heating and Cooling", *Rand Journal of Economics*, Vol. 17, No. 3, 1986.

Edgerton, D. L. , *The Econometrics of Demand Systems: with Applications to Food Demand in the Nordic Countries*, Dordrecht: Kluwer Academic Publishers, 1996.

Esmaeili, A. and N. Abdollahzadeh, "Oil Exploitation and the Environmental Kuznets Curve", *Energy Policy*, Vol. 37, No. 1, 2009.

Färe R, Gross K S, Norris M., "Productivity Growth: Technical Progress and Efficiency Changes in Industrialized Countries", *American Economic Review*, Vol. 84, No. 1, 1994.

Fisher-Vanden K, Jefferson G, Liu H, et al., "What Is Driving China's Decline in Energy Intensity?" *Resource and Energy Economics*, Vol. 26, No. 1, 2004.

Fisher-Vanden K, Jefferson G, Ma J, et al., "Technology Development and Energy Productivity in China", *Energy Economics*, Vol. 28, No. 5, 2006.

Francis, B. M., L. Moseley and S. O. Iyare, "Energy Consumption and Projected Growth in Selected Caribbean Countries", *Energy Economics*, Vol. 29, No. 6, 2007.

Franz, W., "Pollution Thresholds Under Uncertainty", *Environment and Development Economics*, Vol. 11, No. 4, 2006.

Freire-González, J., "Methods to Empirically Estimate Direct and Indirect Rebound Effect of Energy-Saving Technological Changes in Households", *Ecological Modelling*, Vol. 223, No. 1, 2011.

Frondel, M., J. Peters and C. Vance, "Identifying the Rebound: Evidence from a German Household Panel", *Energy Journal*, Vol. 29, No. 4, 2008.

Galeotti, M., A. Lanza and F. Pauli, "Reassessing the Environmental Kuznets Curve for CO_2 Emissions: a Robustness Exercise", *Ecological Economics*, Vol. 57, No. 1, 2006.

Garbaccio R F, Ho M S, Jorgenson DW., "Why Has the Energy-Output Ratio Fallen in China", *Energy Journal*, Vol. 20, No. 3, 1999.

Ghali, K. H. and M. I. T. El-Sakka, "Energy Use and Output Growth in Canada: a Multivariate Cointegration Analysis", *Energy Economics*,

Vol. 26, No. 3, 2004.

Glomsrød, S. and W. Taoyuan, "Coal Cleaning: a Viable Strategy for Reduced Carbon Emissions and Improved Environment in China?", *Energy Policy*, Vol. 33, No. 4, 2005.

Granger, C. W. J., "Investigating Causal Relations by Econometric Methods and Cross-Spectral Methods", *Econometrica*, Vol. 37, No. 3, 1969.

Grimaud, A. and L. Rougé, "Non-Renewable Resources and Growth with Vertical Innovations: Optimum, Equilibrium and Economic Policies", *Journal of Environmental Economics & Management*, Vol. 45, No. 2, 2003.

Grossman, G. M. and A. B. Krueger, "Economic Growth and the Environment", *Quarterly Journal of Economics*, Vol. 110, No. 2, 1994.

Grossman, G. M. and E. Helpman, *Innovation and Growth in the Global Economy*, Cambridge: The MIT Press, 1991.

Guertin, C., S. C. Kumbhakar and A. K. Duraiappah, "Determining Demand for Energy Services: Investigating Income-Driven Behaviours", 2003 (http://citeseerx.ist.psu.edu/viewdoc/).

Gupta, M. R. and T. R. Barman, "Health, Infrastructure, Environment and Endogenous Growth", *Journal of Macroeconomics*, Vol. 32, No. 2, 2010.

Haas, R. and P. Biermayr, "The Rebound Effect for Space Heating Empirical Evidence from Austria", *Energy Policy*, VoL. 28, No. 6 – 7, 2000.

Hanley, N. D., P. G. Mcgregor, J. K. Swales and K. Turner, "The Impact of a Stimulus to Energy Efficiency on the Economy and the Environment: a Regional Computable General Equilibrium Analysis", *Renewable Energy, Vol. 31, No. 2, 2006.

Härdle, W., H. Liang and J. T. Gao, *Partially Linear Models*, New York: Springer-Verlag, 2000.

Hausman, J. A., "Individual Discount Rates and the Purchase and Utilization of Energy-Using Durables", *Bell Journal of Economics*, Vol. 10, No. 1, 1979.

Herring, H. and R. Roy, "Technological Innovation, Energy Efficient Design and the Rebound Effect", *Technovation*, Vol. 27, No. 4, 2007.

Herring, H., "Does Energy Efficiency Save Energy? The Debate and Its Consequences", *Applied Energy*, Vol. 63, No. 3, 1999.

Holtz-Eakin D, Whitney N, Harvery S R., "Estimating Vector Autoregressions with Panel Data", *Econometrica*, Vol. 56, No. 6, 1988.

Hosoe, N., "*Computable General Equilibrium Modeling with GAMS*", 2004, (http://ebrary.ifpri.org/cdm/ref/collection/p15738coll2/id/74845).

Hu J L, Wang S C., "Total-Factor Energy Efficiency of Regions in China", *Energy Policy*, Vol. 34, No. 17, 2006.

Huang J P., "Industrial Energy Use and Structural Change: a Case Study of the People's Republic of China", *Energy Economics*, Vol. 15, No. 2, 1993.

Hwang, D. B. and B. Gum, "The Causal Relationship Between Energy and GNP: the Case of Taiwan", *Journal of Energy and Development*, Vol. 16, No. 2, 1992.

Hymel, K. M., K. A. Small and K. V. Dender, "Induced Demand and Rebound Effects in Road Transport", *Transportation Research Part B Methodological*, Vol. 44, No. 10, 2010.

IPCC, "*Climate Change* 2007: *the Fourth Assessment Report of the Intergovernment Panel on Climate Change*", Cambridge: Cambridge University Press, 2007.

IPCC, "*Guidelines for National Greenhouse Gas Inventories*", Cambridge: Cambridge University Press, 2006.

Jin, S., "The Effectiveness of Energy Efficiency Improvement in a Developing Country: Rebound Effect of Residential Electricity Use in South Korea", *Energy Policy*, Vol. 35, No. 11, 2007

Johansson, O. and L. Schipper, "Measuring the Long-Run Fuel Demand of Cars-Separate Estimations of Vehicle Stock, Mean Fuel Intensity, and Mean Annual Driving Distance", *Journal of Transport Economics & Policy*, Vol. 31, No. 3, 1997.

Junankar, S., O. Lofsnaes and P. Summerton, "MDM-E3: a Short Technical Description", 2007.

Khazzoom, J. D., "Economic Implications of Mandated Efficiency in Standards for Household Appliances", *The Energy Journal*, Vol. 1, No. 4, 1980.

Kim, J., "Does an Environmental Kuznets Curve Exist in Korea's Case?", *Journal of Environmental Policy and Administration*, Vol. 7, No. 1, 1999.

Kraft, J. and A. Kraft, "Relationship Between Energy and GNP", *Journal of Energy Development*, Vol. 3, No. 2, 1978.

Lantz, V. and Q. Feng, "Assessing Income, Population, and Technology Impacts on CO_2 Emissions in Canada: Where's the EKC?", *Ecological Economics*, Vol. 57, No. 2, 2006.

Leitão, A., "Corruption and the Environmental Kuznets Curve: Empirical Evidence for Sulfur", *Ecological Economics*, Vol. 69, No. 11,

2010.

Li, H., L. Dong and D. Wang, "Economic and Environmental Gains of China's Fossil Energy Subsidies Reform: a Rebound Effect Case Study with EIMO Model", *Energy Policy*, Vol. 54, 2013.

Li, Q. and T. Stengos, "Semiparametric Estimation of Partially Linear Panel Data Models", *Journal of Econometrics*, Vol. 71, No. 1 – 2, 1996.

Liao H, Fan Y, Wei Y., "What Induced China's Energy Intensity to Fluctuate: 1997 – 2006?", *Energy Policy*, Vol. 35 No. 9, 2007.

Lin, B., F. Yang and X. Liu, "A Study of the Rebound Effect on China's Current Energy Conservation and Emissions Reduction: Measures and Policy Choices", *Energy*, Vol. 58, 2013.

Lin, B. and K. Du, "Measuring Energy Rebound Effect in the Chinese Economy: an Economic Accounting Approach", *Energy Economics*, Vol. 50, 2015.

Lin, B. and X. Liu, "Dilemma Between Economic Development and Energy Conservation: Energy Rebound Effect in China", *Energy*, Vol. 45, No. 1, 2012.

Lin, B. and X. Liu, "Electricity Tariff Reform and Rebound Effect of Residential Electricity Consumption in China", *Energy*, Vol. 59, 2013.

Lin, B. and X. Liu, "Reform of Refined Oil Product Pricing Mechanism and Energy Rebound Effect for Passenger Transportation in China", *Energy Policy*, Vol. 57, 2013.

Lucas, R. E., "On the Mechanics of Economic Development", *Journal of Monetary Economics*, Vol. 22, No. 1, 1989.

Luiten, E., H. van Lente and K. Blok, "Slow Technologies and Government Intervention: Energy Efficiency in Industrial Process Technologies", *Technovation*, Vol. 26. No. 9, 2006.

Ma C, Stern D. I., "China's Changing Energy Intensity Trend: a Decomposition Analysis", *Energy Economics*, Vol. 30, No. 3, 2008.

Marvão Pereira, A. and R. M. Marvão Pereira, "Is Fuel-Switching a No-Regrets Environmental Policy? VAR Evidence on Carbon Dioxide Emissions, Energy Consumption and Economic Performance in Portugal", *Energy Economics*, Vol. 32, No. 1, 2010.

Matiaske, W., R. Menges and M. Spiess, "Modifying the Rebound: It Depends! Explaining Mobility Behavior on the Basis of the German Socio-Economic Panel", *Energy Policy*, Vol. 41, 2012.

Matos, F. J. F. and F. J. F. Silva, "The Rebound Effect on Road Freight Transport: Empirical Evidence from Portugal", *Energy Policy*, Vol. 39, No. 5, 2011.

Meadows, D. H., D. L. Meadows, J. Randers and W. W. I. Behrens, *The Limits to Growth*, New York: University Books, 1972.

Mizobuchi, K., "An Empirical Study on the Rebound Effect Considering Capital Costs", *Energy Economics*, Vol. 30, No. 5, 2008.

Muellbauer, J. and A. S. Deaton, "An Almost Ideal Demand System", *American Economic Review*, Vol. 70, No. 3, 1980.

Nesbakken, R., "Energy Consumption for Space Heating: a Discrete-Continuous Approach", *Scandinavian Journal of Economics*, Vol. 103, No. 1, 2001.

Newell, R. G. and R. N. Stavins, "The Induced Innovation Hypothesisand Energy-Saving Technological Change", *Quarterly Journal of Economics*, Vol. 114, No. 3, 1999.

Nguyen-Van, P., "Energy Consumption and Income: a Semiparametric

Panel Data Analysis", *Energy Economics*, Vol. 32, No. 3, 2010.

Ouyang, J., E. Long and K. Hokao, "Rebound Effect in Chinese Household Energy Efficiency and Solution for Mitigating It", *Energy*, Vol. 35, No. 12, 2010.

Park, S. and Y. Lee, "Regional Model of EKC for Air Pollution: Evidence from the Republic of Korea", *Energy Policy*, Vol. 39, No. 10, 2011.

Pedroni P. "Critical Value for Cointegration Tests in Heterogeneous Panels with Multiple Regressors", *Oxford Bulletin of Economics and Statistics*, Vol. 61, 1999.

Pedroni, P., "Critical Values for Cointegration Tests in Heterogeneous Panels with Multiple Regressors", *Oxford Bulletin of Economics & Statistics*, Vol, 61, No. 1, 1999.

Pesaran M. H. "A Simple Panel Unit Root Test in the Presence of Cross-Section Dependence", *Journal of Applied Econometrics*, Vol. 22, No. 2, 2007.

Pesaran, M. H., "A Simple Panel Unit Root Test in the Presence of Cross-Section Dependence", *Journal of Applied Econometrics*, Vol. 22, No, 2, 2007.

Popp, D., "Induced Innovation and Energy Prices", *American Economic Review*, Vol. 92, No. 1, 2002.

Romer, P. M., "Endogenous Technological Change", *Journal of Political Economy*, Vol. 98, No. 3, 1990.

Romer, P. M., "Increasing Returns and Long-Run Growth", *Journal of Political Economy*, Vol. 94, No. 5, 1986.

Roy, J., "The Rebound Effect: Some Empirical Evidence from India", *Energy Policy*, Vol. 28, No. 6 – 7, 2000.

Saunders, H. D., "A Calculator for Energy Consumption Changes Arising from New Technologies", *Journal of Economic Analysis and Policy*, Vol. 5, No. 1, 2005.

Saunders, H. D., "A View from the Macro Side: Rebound, Backfire, and Khazzoom-Brookes", *Energy Policy*, Vol. 28, No. 6 – 7, 2000.

Saunders, H. D., "Fuel Conserving (and Using) Production Functions", *Energy Economics*, Vol. 30, No. 5, 2008.

Saunders, H. D., "The Khazzoom-Brookes Postulate and Neoclassical Growth", *Energy Journal*, Vol. 13, No. 13, 1992.

Schipper, L. and M. Grubb, "On the Rebound? Feedback Between Energy Intensities and Energy Uses in IEA Countries", *Energy Policy*, Vol. 28, No, 6 – 7, 2000.

Schwarz, P. M. and T. N. Taylor, "Cold Hands, Warm Hearth? Climate, Net Takeback, and Household Comfort", *Energy Journal*, Vol. 16, No. 1, 1995.

Semboja, H. H. H., "The Effects of Energy Taxes on the Kenyan Economy: A CGE Analysis", *Energy Economics*, Vol. 16, No. 3, 1994.

Sengupta, R. P., "CO_2 Emission-Income Relationship: Policy Approach for Climate Control", *Pacific and Asian Journal of Energy*, Vol. 7, No. 2, 1997.

Sims, C. A., "Macroeconomics and Reality", *Econometrica*, Vol. 48, No. 1, 1980.

Sinton J. E., Fridley D. G. "What Goes Up: Recent Trends in China's Energy Consumption", *Energy Policy*, Vol. 28, No. 10, 2000.

Small, K. and K. V. Dender, "Fuel Efficiency and Motor Vehicle Travel: the Declining Rebound Effect", *The Energy Journal*, Vol. 28, No. 1, 2007.

Sorrell, S., J. Dimitropoulos and M. Sommerville, "Empirical Estimates of the Direct Rebound Effect: a Review", *Energy Policy*, Vol. 37, No. 4, 2009.

Sorrell, S. and J. Dimitropoulos, "UKERC Review of Evidence for the Rebound Effect", 2007, (http://sro.sussex.ac.uk/id/eprint/54000/).

Soytas, U. and R. Sari, "The Relationship Between Energy and Production: Evidence from Turkish Manufacturing Industry", *Energy Economics*, Vol. 29, No. 6, 2007.

Stern, D. I., "Elasticities of Substitution and Complementarity", *Journal of Productivity Analysis*, Vol 36, No. 1, 2011.

Stern, D. I., "Energy and Economic Growth in the USA: A Multivariate Approach", *Energy Economics*, Vol. 15, No. 93, 1993.

Stokey, N. L., "Are There Limits to Growth", *International Economic Review*, Vol. 39, No. 1, 1998.

Tsani, S. Z., "Energy Consumption and Economic Growth: A Causality Analysis for Greece", *Energy Economics*, Vol. 32, No. 3, 2010.

Turner, K., "Negative Rebound and Disinvestment Effectsin Response to an Improvement in Energy Efficiency in the UK Economy", *Energy Economics*, Vol. 31, No. 5, 2009.

Wang, H., P. Zhou and D. Q. Zhou, "An Empirical Study of Direct Rebound Effect for Passenger Transport in Urban China", *Energy Economics*, Vol. 34, No. 2, 2012.

Wei, T., "Impact of Energy Efficiency Gains on Output and Energyuse with Cobb-Douglas Production Function", *Energy Policy*, Vol. 35, No. 4, 2007.

West, S. E., "Distributional Effects of Alternative Vehicle Pollution Control Policies", *Journal of Public Economics*, Vol. 88, No. 3 –

4, 2004.

Wolde-Rufael, Y., "Disaggregated Industrial Energy Consumption and GDP: the Case of Shanghai, 1952 – 1999", *Energy Economics*, Vol. 26, No. 03, 2004.

Yang, H. Y., "A Note on the Causal Relationship Between Energy and GDP in Taiwan", *Energy Economics*, Vol. 22, No. 3, 2000.

Yu, B., J. Zhang and A. Fujiwara, "Evaluating the Direct and Indirect Rebound Effects in Household Energy Consumption Behavior: a Case Study of Beijing", *Energy Policy*, Vol. 57, 2013.

Yu, E. and J. Choi, "The Causal Relationship Between Energy and GNP: an International Comparison", *Journal of Energy and Development*, Vol. 10, No. 2, 1985.

Yu, E. S. H. and B. K. Hwang, "The Relationship Between Energy and GNP: Further Results", *Energy Economics*, Vol. 6, No. 84, 1984.

Yuan C. Q., Liu S. F., Fang Z G, Wu J. L., "Research on the Energy-Saving Effect of Energy Policies in China: 1982 – 2006", *Energy Policy*, Vol. 37, No. 7, 2009.

Zellner, A., "An Effcient Method of Estimating Seemingly Unrelated Regression Equations and Tests for Aggregation Bias", *Journal of the American Statistical*, Vol. 57, 1962.

Zhang, X. P. and X. M. Cheng, "Energy Consumption, Carbon Emissions, and Economic Growth in China", *Ecological Economics*, Vol. 68, No. 10, 2009.

Zheng Y., Qi J., Chen X., "The Effect of Increasing Exports on Industrial Energy Intensity in China", *Energy Policy*, Vol. 39, No. 5, 2011.

Zon, A. V. and I. H. Yetkiner, "An Endogenous Growth Model with Embodied Energy-Saving Technical Change", *Resource & Energy Eco-*

nomics, Vol. 25, No. 1, 2003.

白竹岚、诸大建、蔡兵:《上海1978—2009年能源反弹效应的完全分解分析》,《华东经济管理》2011年第25期。

查冬兰、周德群:《基于CGE模型的中国能源效率回弹效应研究》,《数量经济技术经济研究》2010年第12期。

查冬兰、周德群:《为什么提高能源效率没有减少能源消耗——能源效率回弹效应研究评述》,《管理评论》2012年第1期。

陈锡康、杨翠红等:《投入产出技术》,科学出版社2011年版。

樊茂清、郑海涛、孙琳琳等:《能源价格、技术变化和信息化投资对部门能源强度的影响》,《世界经济》2012年第5期。

冯烽、叶阿忠:《技术溢出视角下技术进步对能源消耗的回弹效应研究——基于空间面板数据模型》,《财经研究》2012年第9期。

冯烽、叶阿忠:《中国的碳排放与经济增长满足EKC假说吗?——基于半参数面板数据模型的检验》,《预测》2013年第3期。

傅晓霞、吴利学:《中国能源效率及其决定机制的变化——基于变系数模型的影响因素分析》,《管理世界》2010年第9期。

郭晔:《能源、技术与经济增长——基于中国与印度的比较分析》,《数量经济技术经济研究》2007年第6期。

国涓、郭崇慧、凌煜:《中国工业部门能源反弹效应研究》,《数量经济技术经济研究》2010年第11期。

胡秋阳:《回弹效应与能源效率政策的重点产业选择》,《经济研究》2014年第2期。

黄纯灿:《能源反弹效应研究综述》,《经济论坛》2011年第2期。

黄德春、董宇怡、刘炳胜:《基于三阶段DEA模型中国区域能源效率分析》,《资源科学》2012年第4期。

李子奈、叶阿忠:《高级应用计量经济学》,清华大学出版社2012年版。

刘畅、孔宪丽、高铁梅：《中国能源消耗强度变动机制与价格非对称效应研究——基于结构 VEC 模型的计量分析》，《中国工业经济》2009 年第 3 期。

刘源远、刘凤朝：《基于技术进步的中国能源消耗反弹效应——使用省际面板数据的实证检验》，《资源科学》2008 年第 9 期。

马树才、李国柱：《中国经济增长与环境污染关系的 Kuznets 曲线》，《统计研究》2006 年第 8 期。

彭水军：《污染外部性、可持续发展与政府政策选择——基于内生化劳动供给和人力资本积累的动态模型》，《厦门大学学报（哲学社会科学版）》2008 年第 3 期。

邵帅、杨莉莉、黄涛：《能源回弹效应的理论模型与中国经验》，《经济研究》2013 年第 2 期。

史红亮、陈凯：《基于脉冲响应函数的中国钢铁产业能源效率及其影响因素的动态分析》，《资源科学》2011 年第 5 期。

孙敬水、汪德兴：《中国地区能源效率差异及其影响因素分析》，《技术经济与管理研究》2011 年第 12 期。

孙琳琳、任若恩：《中国资本投入和全要素生产率的估算》，《世界经济》2005 年第 12 期。

滕玉华：《自主研发、技术引进与能源消耗强度——基于中国工业行业的实证分析》，《中国人口·资源与环境》2011 年第 7 期。

王锋、冯根福：《中国碳强度对行业发展、能源效率及中间投入系数的弹性研究》，《数量经济技术经济研究》2012 年第 5 期。

王谦、高军：《我国不同地区"环境库兹涅茨曲线"假说的检验》，《科研管理》2011 年第 7 期。

王群伟、周德群：《能源回弹效应测算的改进模型及其实证研究》，《管理学报》2008 年第 5 期。

魏一鸣、焦建玲、廖华：《能源经济学》，科学出版社 2011 年版。

吴开尧、朱启贵、刘慧媛：《中国经济产业价值型能源强度演变分析——基于混合型能源投入产出可比价序列表》，《上海交通大学学报（哲学社会科学版）》2014年第5期。

许广月、宋德勇：《中国碳排放环境库兹涅茨曲线的实证研究——基于省域面板数据》，《中国工业经济》2010年第5期。

许广月：《碳强度俱乐部收敛性：理论与证据——兼论中国碳强度降低目标的合理性和可行性》，《管理评论》2013年第4期。

薛澜、刘冰、戚淑芳：《能源回弹效应的研究进展及其政策涵义》，《中国人口·资源与环境》2011年第10期。

阳攀登、屈亚平、李敏：《基于技术进步的浙江省能源消耗回弹效应研究》，《技术经济》2010年第8期。

叶阿忠：《非参数和半参数计量经济模型理论》，科学出版社2008年版。

叶裕民：《全国及各省区市全要素生产率的计算和分析》，《经济学家》2002年第5期。

原毅军、郭丽丽、孙佳：《结构、技术、管理与能源利用效率——基于2000—2010年中国省际面板数据的分析》，《中国工业经济》2012年第7期。

张军、吴桂英、张吉鹏：《中国省际物质资本存量估算：1952—2000》，《经济研究》2004年第10期。

张宗益、呙小明、汪锋：《能源价格上涨对中国第三产业能源效率的冲击——基于VAR模型的实证分析》，《管理评论》2010年第6期。

赵爱文、何颖、王双英、李东：《中国能源消耗的EKC检验及影响因素》，《系统管理学报》2014年第3期。

赵厚川、李德山、刘媛媛：《技术进步对川渝地区能源回弹效应的实证研究》，《能源技术经济》2012年第4期。

仲长荣：《技术经济学》，福建教育出版 1998 年版。

周平、王黎明：《中国居民最终需求的碳排放测算》，《统计研究》2011 年第 7 期。

周勇、林源源：《技术进步对能源消耗回报效应的估算》，《经济学家》2007 年第 2 期。

朱平辉、袁加军、曾五一：《中国工业环境库兹涅茨曲线分析——基于空间面板模型的经验研究》，《中国工业经济》2010 年第 6 期。